未来领袖摇篮
系列丛书

**WEILAI
LINGXIUYAOLAN**

**SPECIAL MILITARY
SCHOOL OF ST CYR**

王新龙 | 编著

圣西尔军校
为打胜仗而受训

SPECIAL MILITARY SCHOOL OF ST CYR

Train To Win

中国出版集团

现代出版社

图书在版编目(CIP)数据

为打胜仗而受训：圣西尔军校 / 王新龙编著.—北京：现代出版社，2013.2(2021.8重印)

（未来领袖摇篮）

ISBN 978-7-5143-1391-8

Ⅰ.①为…　Ⅱ.①王…　Ⅲ.①军事院校—法国—青年读物②军事院校—法国—少年读物　Ⅳ.①E565.3-49

中国版本图书馆CIP数据核字(2013)第024937号

编　　著	王新龙
责任编辑	刘　刚
出版发行	现代出版社
通讯地址	北京市安定门外安华里504号
邮政编码	100011
电　　话	010-64267325 64245264(传真)
网　　址	www.xdcbs.com
电子邮箱	xiandai@cnpitc.com.cn
印　　刷	北京兴星伟业印刷有限公司
开　　本	700mm × 1000mm 1/16
印　　张	12
版　　次	2013年2月第1版　2021年8月第3次印刷
书　　号	ISBN 978-7-5143-1391-8
定　　价	32.00元

前　言
QIAN　　YAN

　　如今已步入不惑之年，记忆中的一些事情好多都已如烟消云散，不过有一个问题始终萦绕心头，我高中毕业的时候，家里的生活非常艰难，父母为什么还让我读完大学呢？这个问题困扰我已经20年了。终于有一天，我明白了，父母想让我换一种生活方式；他们不希望我沿着他们的生活轨迹前行！

　　古人说："行万里路，读万卷书。"这句话实在深刻！对现代人而言，行万里路易，读万卷书难。科技的车轮正以惊人的速度滚滚向前，终日在电脑和千奇百怪的机器前忙碌的现代人，用电线、光缆、轨道和航线把地球变成一个村落，点击鼠标，我们可以在世界的任何一个角落把自己随意粘贴。好多人已经认为读书没什么用！读书是在浪费生命。于是，面对现代文明，缺少了读大学修炼的底蕴。我们频繁遭遇对面相逢不相识的尴尬，不断地积聚那些源自心底的陌生。为此，我们渴望一种深层的理解，渴望一种心灵的历练，以让脚步和心灵能够行得更远。

　　大学有着上千年文化的厚厚沉积，大学有着上千年文明的跌宕起伏，大学有着上千年社会的沧桑巨变，这足以让你惊叹，让你震撼。大学给你的感觉是那样空灵，那样清新，那样恬静。追昔抚今，历史的长廊仿佛就在眼前。生命却耐不住"逝者如斯夫"的侵蚀，大学生活也是必需的人生

经历。大学的魅力，与其耳闻，不如亲见。大学生活可以弥补我们时间的缺失，增值属于我们的光阴；大学可以把智慧集腋成裘，让我们的生命成就高品质的价值。

在任何一个团体中，总有某一个人充当着核心的角色，他的言行能够被团体认可，并指引着团体的某一些决策和行动。我们可以把这种人所具备的人格魅力称为"领袖气质"。环境是一种氛围，一种智慧，一种"隐性课程"。我国古代有"孟母三迁"的故事，说明环境对人才成长的重要性。

在良好的教育环境中，人才更能轻松愉快、自由主动地去发现、思考和探索，从中获得知识经验，在情感、信念、意志、行为和价值观等方面得到潜移默化的熏陶；成长环境有助于显示今天的行动与明天的结果之间存在的永久联系。在这里，曾经出现过无数的政治、经济、军事、文化等各个行业的领军人物。他们用行动证明：最具实力、特点的学府，才能真正缔造别具一格的人才。

本丛书选了最具代表性的世界名校20所。通过对这些名校的概况、教学特点、培养的名人等的介绍，意在深度挖掘人才成功之路上不为人知的细节，同时剖析名校培养人才的根本原因所在，是一部您一定要读的人生枕边书。

尽管我们付出了诸多辛苦，然而由于时间紧迫和能力所限，书稿错讹之处在所难免。敬请各方面的专家学者和广大读者批评指正。我们不胜感激！

编 者

2012年11月

目 录

开 篇 大学是未来领袖的摇篮

大学,是社会的良心,是天才的渊薮,是文化与思想的栖息地,也是每一个青少年成为未来领袖的摇篮。每所大学都有独特的文化和性格。一所大学能反映一个城市甚至一个国家的精神气质。大学是今天与未来的桥梁,认识一所大学,可以树立一个梦想;树立一个梦想,可以创造一个人生。

第一章 认识圣西尔军校

圣西尔军校全名叫圣西尔军事专科学校,是法国一所古老的名牌军事院校。于1803年由著名的军事家拿破仑创办,是一所可与美国陆军西点军校相媲美的名牌军事学府,因建在巴黎郊外凡尔赛宫附近的圣西尔而得名。

第二章　美丽的圣西尔军校

圣西尔军事专科学校与诸兵种军校和行政技术军校共同组成法国陆军初级军校群,设在雷恩市郊外的科埃基当。3所军校因学员来源和培训方向不同而互有区别,但军事训练和教学课目基本一致。

第三章　法兰西青年心中的圣地

圣西尔军校建校200多年来,先后培养了6万多名优秀军官,法国总统戴高乐毕业于圣西尔军校。拿破仑称该校为"将军的苗圃",它如同一颗享誉世界的璀璨的星辰,吸引着有志的法兰西青年。

第四章　将军的苗圃

法国陆军的圣西尔军事专科学校由拿破仑始创于1803年,早年建在巴黎郊外凡尔赛宫附近的圣西尔,并因此而得名。

开　篇　大学是未来领袖的摇篮

　　大学,是社会的良心,是天才的渊薮,是文化与思想的栖息地,也是每一个青少年成为未来领袖的摇篮。每所大学都有独特的文化和性格。一所大学能反映一个城市甚至一个国家的精神气质。大学是今天与未来的桥梁,认识一所大学,可以树立一个梦想;树立一个梦想,可以创造一个人生。

领袖是怎样炼成的

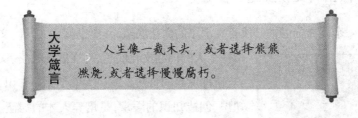

大学箴言

人生像一截木头，或者选择熊熊燃烧，或者选择慢慢腐朽。

做一个出类拔萃的领袖

要想真正成为一名出类拔萃的领袖，必须在工作、生活各个方面具备过硬的素质。从某种意义上说，领袖必须成为人民的理想楷模。这不仅是指通常所理解的"德"，而且也是指同样重要的"智"。一个真正的领袖必须拥有远大的抱负，拥有异于常人的智慧，超常的适应能力，服务大众的态度和引导舆论的能力。

一个好领袖必是一个好的聆听者，并掌握与人沟通、表情达意的技巧。他充满自信，具有很强的分析能力，亦必毅力过人，并能不断自省以求进。英国首相温斯顿·丘吉尔说过："成功不是终点，失败也并非末日。最重要的是具备勇气，一直前行。"当一个人为实现梦想苦苦追寻的时候，需要这样一种意志和品格。

坚持，是一种信念。无论在国内，还是在国外，要获得最美丽的人生，

要实现自己最大的价值,要能够对社会、对他人有所回报,就要坚持自己的目标和梦想。

坚持,是一种过程。这个世界上,天上掉馅饼的事儿几乎为零,或者没有什么事情是一蹴而就的。在梦想实现之前,需要耐得住寂寞、孤独和暂时的不成功。

坚持,是一种生活方式。学习也好,工作也好,生活也好,都需要用一种坚持的态度去完成。这种生活方式可以磨练自己的意志力。坚持住人生信念,没有什么困难是不可以克服的。

做富有文化底蕴的智者

一个优秀的领袖必然有着深厚的文化底蕴,其实也就是文气。文气是指一个人的内在文化底蕴、外在儒雅气质、文化修养、精神境界的自然显露。大学是保存知识、传播知识、创造知识的殿堂,是培养人才的摇篮,是先进文化的策源地和辐射源。大学领导者作为知识分子的领袖、楷模和标尺,如果自身没有知识、没有文化、没有学问,即没有所谓的"文气",就不会得到师生的尊重、敬仰和爱戴,就很难引领大学的发展。

【领袖语录】

读书时不可有己见;读书后不可无己见。

修炼文气,须多读书,成为大学者。"腹有诗书气自华"。要养成儒雅的文气,就必须博学多识,不仅学习教育学、心理学、管理学、领导学、经济学等知识,还要多读经典古文、传统诗词、名家名篇,广泛涉猎经济、政治、文化、社会等各方面,学贯中西、通晓古今,努力成为著名学者。纵观做出卓著成绩的校长,他们都是某个学科领域的专家,同时也对人文社会科学知识有深厚的积淀。如北京大学原校长蔡元培是哲学家、美学家,还通晓教育学、心理学、生理学,堪称大学问家。

修炼文气,须多思考,成为思想家。文气的养成是为了提高个人素养,促进工作实践,而思考是学习与行动的桥梁,"学而不思则罔"。思考形成思维,思维产生观念,观念形成思想,思想决定行动。因此,大学领导者必须学会思考,并多思考。要明了大学的性质,知晓大学的历史,把握大学面对的环境和拥有的资源,把文气的养成与改造思想结合起来,与指导实践结合起来,与解决实际问题结合起来。历史证明,成功的大学领导者,一般都是深邃的思考者。譬如,哈佛大学校长博克曾著《超越象牙塔》,指出现代大学不能回避为社会的进步和国家的利益服务;芝加哥大学校长赫钦斯曾著书《高深学问》,反对功利主义,倡导博雅教育;耶鲁大学校长吉亚麦提曾著《大学和公众利益》,探讨大学的性质和在社会中的作用;加州大学校长克尔曾著《大学的功用》,提出了巨型大学的概念。由于他们对大学有深入的思考,不随波逐流,从而把大学办出了特色,推上了新台阶。

修炼文气,须多谋划,成为谋略家。大学领导者是学校的规划设计者,历史上有卓越成就的大学领导者都是优秀的谋略大师。卡迪夫大学前任校长史密斯爵士曾说过,作为领导者,他必须将四分之三的时间花在思考学校方向和战略上,他认为,"校长就是要将自己的办学战略和价值理念传播出去,让学校所有员工接受,然后选择合适的人去实现这些策略。"中国的大学校长都曾经或正在谋划制定"大学发展战略规划、大学学科和师资队伍建设规划、大学校园发展规划",引领大学的发展和振兴。事实证明,大学领导者只有经常围绕"建设一个什么样的大学,怎样建设这样的大学"的问题潜心思考,精心谋划,才能认准大学发展的根本方向,不至于随着各种思潮的冲击而左右摇摆。

> **【领袖语录】**
> 所谓年轻的心,就是总有一扇门敞开着,等待未来闯进。

浩然正气的力量

一个优秀的领袖还必须有正气。孟子曰:"吾善养吾浩然之气。"文天祥说:"天地有正气,杂然赋流形。下则为河岳,上则为日星。于人曰浩然,沛乎塞苍冥。"对大学领导者来说,正气就是不媚俗,能引领社会发展潮流。

修炼正气,须不媚俗。大学既要防止"滞后于社会"的弊端,但又不简单地"迎合时尚"。这就要求大学领导者的办学理念和行为方式必须因时而变,成为"对现在和未来都会产生影响的一种力量"。但这种适度而明智的变化不是无原则、无限度的,必须是"根据需求、事实和理想所做的变化"。罗伯特·M·赫钦斯在《学习社会》一书中直言不讳地追问:"大学究竟是为社会服务还是批评社会?是依附于社会还是独立于社会?是一面镜子还是一座灯塔?是迎合眼前的实际需要,还是传播及光大高深文化?"这些都需要我们深思。

有几个充分表明大学校长不媚俗的例子:1986年哈佛大学校庆,当时的美国总统里根希望获得哈佛大学名誉博士的称号,但哈佛大学校长德雷克·博克予以拒绝:"里根可以成为美国总统,但他难以获得哈佛的博士学位,因为这是学术称号。"人们称之为"两个President之争"。基辛格从国务卿岗位上卸任并退出政坛后,很想回到哈佛大学工作,但被哈佛大学校长婉言谢绝:"基辛格是个学识渊博的人。如果论私交,我和他的关系也不坏。但我要的是教授,不是不上课的大人物。"1957年北大校长马寅初在最高国务会议上提出他的"新人口论",受到当时权威的批判,但他说:"我决不向专以力压服,不以理说服的那种批判者们投降。"尽管他被迫辞去北京大学校长职务,全国人大常委之职也被罢免,公众的心中却并未消失,马老正直的身影和铿锵之声;历史证明,马寅初不媚俗,不迷信权威,他掌握了真理。

修炼正气,须能引领。大学不应脱离社会、孤芳自赏,而应当"与社会保持接触",并"以自己的实力和声望"对科学和重大而紧迫的社会问题、社会现象进行研究,从而对社会可能采取的行动与对策产生影响。赫钦斯说:"大学是一个瞭望塔。"在改革社会中应发挥积极的作用,成为承担公共服务的必不可少的工具,应不惜一切代价加强各种创造性的活动,引领社会前进。普林斯顿大学原校长弗莱克斯纳认为:大学必须经常给予学生一些东西,这些东西并不是社会所想要的(want),而是社会所需要的(needs)。不管社会如何变化,在任何情况下,大学都有对于知识和思想保存的责任，能不断引领社会发展，而不是一味地适应社会。因此，大学领导者应有能力通过引领大学发展来引领社会发展。

底气是做人之本

一个优秀的领袖还必须有底气。底气是做人之根本、根基、根源。底气足，才有真本钱，才有发言权，才有凝聚力和号召力。底气的表现形式就是说话的分量、

> 【领袖语录】
>
> 不要把知识与智慧混淆，知识告诉你怎样生存，智慧告诉你如何生活。

人格的魅力、个人的影响力，就是群众的归属感、信任感和敬仰感。作为大学领导者，必须要有充足的底气。有了充足的底气，才能确立威信，促进事业的兴旺发达，实现大学的价值。充足的底气需要磨练和积累，需要全身心地培育和修炼。

修炼底气，须立大志。底气源于理想和信念。理想和信念是大学领导者的基本内在修养。大学最根本的社会功能就是储存、创造和传递人类文明。大学要创造新的人类文明就要为了真理而追求真理。追求真理本身就是目的，因此，它天然地反对功利主义。大学还要负载价值，守望社会精神文明，给人类以极大关怀。因此大学领导者要树立追求真理、献身真理的大志向。要坚信我们所从事的事业是正义的事业，是伟大的事业，责任崇高而神圣，任务光荣而艰巨。

修炼底气，须善实践。能力是底气的表现。大学领导者在专业上要做专家，管理上要做行家，必须勤于实践善于实践。以华中科技大学历任领导者为例，他们都是善于实践的典范。朱九思提出"敢于竞争，善于转化"，"科研要走在教学的前面"，大力加强科学研究；杨叔子坚持"高筑墙，广积人"，大力加强师资队伍建设；周济实践"以服务求支持，以贡献求发展"，大力发展社会服务等。正是历届领导者励精图治，实践创新，硬是把一所名不见经传的大学建设成了一所国内外知名的大学。由此可见，大学领导者应该是实践者。他不一定是管理学科的专家，但深谙教育管理之道，善于行政管理，精于用人之道，具有解决和处理各类大学矛盾的能力。

他不一定是专门的政治家,但能够把握大学正确的发展方向,提出适合大学长远发展的办学思想与理念,用先进的办学指导思想推进大学的建设、改革与发展。

修炼底气,须敢成功。成功的大学,领导者会更有底气,有底气的领导者会把大学引向更加成功的境地。正是由于哈佛校长艾略特、劳威尔、柯南特、博克等人成功地将哈佛引向了成功,才使哈佛大学更有了底气;也正是哈佛大学的不断成功,才使哈佛大学的校长更有底气,从而进一步引领大学从胜利走向新的胜利。

大气是一种智慧

一个优秀的领袖还必须有大气。大气,就是大气度、大胸怀、大气魄,大爱心。大学应该有大气。江泽民同志在北大百年校庆时讲:"大学,应该是培养和造就高素质的创造性人才的摇篮,应该是认识未知世界、探求客观真理、为人类解决面临的重大课题提供科学依据的前沿,应该是知识创新、推动科学技术成果向现实生产力转化的重要力量,应该是民族优秀文化与世界先进文明成果交流借鉴的桥梁。"完成这一使命,"大学的党委书记和校长,应该成为社会主义政治家、教育家。"因此,大学领导者应该有大气。

修炼大气,须有大视野。大学之大,根本取决于它的两大直接产品:学术和学生,以及铸成这两大产品的模具:学者、学长和学风。因此大学之大,乃在于学术之大、学生之大、学者之大、学长之大、学风之大。大学领导者要有宽广的视野、开放的精神,兼容并蓄,善于从复杂的现象中看到事物运动的基本态势,抓住基本规律,从眼前的利害中超越出来,突破经验的束缚,对社会需求进行全局的、客观的把握,穿透眼前,看到长远。大学发展的历程证明,大学领导者的视野往往决定大学的发展。纽曼的传统大学观把大学看作是"一个居住僧侣的村庄",弗莱克斯纳的现代大学观把大学看作是一个城镇,而克拉克·克尔的多元化巨型大学观则把大学看作是"一座充满无穷变化的城市"。可见领导者的视野决定大学的视野。哈佛大学校长萨默斯以国际视野改革大学教育，强调哈佛新课程改革要给本科生更多的到国外学习的机会。

修炼大气，须有大胸怀。"一个人胸怀有多大，才能做多大的事业。"大学具有天然的包容性：首先是学科包容。大学包容了传统基础学科，还包容了跨学科、边缘学科和应用学科，甚至为那些已经乏人问津的学科以及尚未获得广泛承认的学科与知识领域留有一席之地。其次是学者包容。大学包容各种各样的学者和学生，甚至为个别行为、个性和思想方法奇特的学者创造宽松环境，使他们按自己的习惯从事活动。再次是学术包容，即包容学术上的各种不同见解。因此，大学领导者在办学理念上，要有开放意识和世界眼光，以昂扬的气势迎接各种挑战，以仁厚的情感容纳学生，以宽容的精神对待学术，以谦虚的心灵接纳新知识；要在选用人才上，有"海纳百川"的大气，以开放的胸怀招揽人才，以宽广的眼光选用人才；在具体工作上，要有团结友爱的胸怀、互以对方为重的风格，要搞五湖四海，不搞小圈子，做到坦坦荡荡、光明磊落，容人、容事、容言。如果说大楼、大师是大学的硬件，大气则是软件，软件与硬件同样重

> 【领袖语录】
>
> 气不和时少说话，有言必失；心不顺时莫做事，做事必败。

要。在一定意义上，甚至可以说软件比硬件更重要。1953年出生的安德鲁·怀尔斯，10岁时对世界难题费马大定理着了迷，于是立志搞数学。他32岁成了普林斯顿大学教授后好像突然消失了，学术会议不参加了，论文也没有，有人说他江郎才尽了，有人说应该解聘他，但普林斯顿大学校长不为所动，仍然聘他为教授，表现出了大学的大爱，终于在9年后的1994年，安德鲁·怀尔斯破解了费尔马大定理，轰动世界，也使普林斯顿大学声名远扬。

修炼大气，须有大手笔。有了大手笔，才会有大发展。大手笔，要有大气魄，要有超越、怀疑、批判精神。要超越各种形式的禁锢和守旧观念，挑战各种历史理论和权威，深刻批判与反思，进行前提性追问、主体创造与建构。正是因为洪堡的大手笔才使柏林大学得以振兴，成为研究型大学的

楷模，从而使大学具有科学研究的职能；正是范海斯的大手笔，提出"威斯康星州的边界就是威斯康星大学的边界"，才使美国大学得以崛起，从而使社会服务成为大学的第三大职能；也正是蔡元培的大手笔改造旧北京大学，才使北京大学焕发出新的青春活力，成为真正意义上的现代大学。大学领导者要有大手笔，就要敢于有所为，有所不为，有所舍弃，敢于砍掉不适合自己学校发展的东西；有所为，有所先为，有所后为，敢于在自己的位置上创新、创造不可替代的业绩。

锐利的士气

一个优秀的领袖还必须有锐气。《淮南子·时则训》所说的"锐而不挫"，彰显的是不畏困难和挫折的精锐士气。锐气就是要有一股子劲，始终保持一种向上的进取姿态，保持高昂的工作热情和工作韧劲。锐气就是在成绩面前不忘乎所以，在困难面前不灰心丧气，不断适应新形势，研究新情况，解决新问题，做到"苟日新，又日新，日日新"。有锐气，才能有所作为，有所建树。

修炼锐气，须讲批判。大学是知识传递与生产的场所，是新思想的重要发源地。不论是知识的传递与生产，还是真理的探求，都应该建立在大学批判责任基础之上。德国社会学家海因兹·迪特里奇尖锐地指出："今天的大学是一些被阉割了的机构，大学教育脱离大多数人的生活现实，研究质量低下，教育道德沦丧。"作为大学领导者要弘扬大学的批判责任，鼓励和支持大学继续扮演那种绝对真理、社会公正和道德良心守护神的角色。

修炼锐气，须讲创新。加拿大阿尔伯塔大学校长罗德里克·德·弗雷泽认为，大学领导者的主要职责有三项：第一，吸引最好的学生到学校读书；第二，吸引最好的教职员工到学校工作；第三，为教职工、学生提供足够的资源，营造积极的氛围，使师生能够有效地学习、创造性地开展学术与科研工作,保证他们发挥最大潜力。大学要做好这些工作,没有具备创新意识和创新能力的领导者是不行的。创新是大学保持生命力的关键所在。历史证明,不满足于现状,勇于改革和创新是优秀大学领导者共同的特征之一。哈佛大学原校长劳威尔说在他任校长的 24 年里,有四大创新:一是设立主攻课和基础课制度,二是设立住宿学院制度,三是设立导师制度,四是设立荣誉学位制度。这些都为哈佛大学的进一步发展奠定了基础。

　　修炼锐气,须养个性。牛津大学原校长纽曼是一个有个性的校长。他认为:大学是传播普遍性知识的场所。知识本身即目的。教育是理智的训练。大学是为传授知识而设的,"如果大学是为了研究,我不知道大学为什么要那么多学生"。他的个性造就了牛津大学

【领袖语录】

　　没有人可以打倒你,打倒你的只有你自己。

的辉煌。柏林大学原校长洪堡认为,大学的基本组织原则就是两条:自由和宁静,教师和学生为科学而共处,自由地进行各种学术上的探讨。他的个性使柏林大学很快崛起。威斯康星大学原校长范海斯认为,大学的基本

任务是把学生培养成有知识、能工作的公民;进行科学研究,发展创造新文化、新知识;传播知识,把知识传授给广大民众,使他们能够运用知识解决经济、生产、生活、政治等方面的问题。这种理念引领大学走出了古典大学的围墙,使大学获得了新的生命。曾经被毛泽东评价为"学界泰斗,人世楷模"的蔡元培,不仅提出了"囊括大典、网罗众家,思想自由、兼容并包"的著名办学方针,铸就了"北大精神",更重要的是,他具有"外和内介、守正不阿,勇于任事、敢于负责,宽容大度、民主平等,严于律己、廉洁奉公"的个性,改造北大,铸就了北大的辉煌。

领袖素质　　远大的理想。纵观历史中的领袖都有远大的抱负,所谓吞吐天地之志。拥有这样的理想才能塑造其人格魅力。人们追随他,绝不仅仅因为他长得帅,而是因为他能带给人们希望,给人们一个远大而美好的憧憬。

大学在青少年成才中的作用

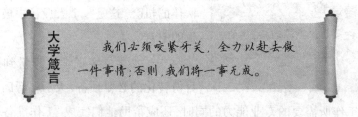

大学箴言

我们必须咬紧牙关，全力以赴去做一件事情；否则，我们将一事无成。

做一个知书达礼的人

大学可以让我们自我发展与完善，大学不仅能帮助学生"读书明理"，更能帮助学生提升修养、品质、智慧。大学教育对于年轻人形成人生观、社会价值观，对于发现和理解生命的意义和人的社会价值有极大的作用。大学是人们的精神家园。

青少年作为明日的社会精英，在大学期间除了读好本科课程外，亦应把握所有机会与同窗多交流，多沟通，以培养人际沟通技巧，学习聆听，也多表达意见。这些同侪间的互动、不断的切磋砥砺，对于培养个人自信心、提高分析和自省能力都有莫大裨益。

大学在现代已经逐渐发展成高等教育系统，由各种类型的高校组成，不同类型的高校的社会职能与社会定位、人才培养目标、对学生的要求、教育教学模式各不相同。就读不同的高校通常与不同的职业生

涯发展有着较为密切的联系。选择大学,应当是个人对大学意义与价值和自身发展设想充分认识基础上的理性判断。从一般意义上讲,今天的大学至少能为学习者提供以下服务。

——大学是探究未知世界的场所。具有好奇心的年轻人与致力于探究未知世界的教师结成共同体,大家志同道合,在满足好奇中推动人的发展和社会发展。这样的职能是其他社会机构无法替代的。

——大学是年轻人交往的地方。大学把四面八方、有着各种文化背景、生活体验与经历的学生汇集起来,让年轻人相互交往并且相互学习,为每一个学习者提供发现不同的交往伙伴的机会。这是一个人成长中极为宝贵的财富。

【领袖语录】

信仰比知识更难动摇;热爱比尊重更难变易;仇恨比厌恶更加持久。

——大学是实现学生身份到工作身份转化的必要预备。大学在帮助学生形成工作所需要的专业能力的同时,还应帮助他们完成"工作准备",形成个人就业的"配置能力"(个人在就业市场上发现机会、自我判断、抓住机会实现就业的能力)。大学对学生在心理、文化、人际交往、专业等方面的训练,正是为了能有这样的"配置能力"。这是推动学生转型为"职业人"的社会化过程。

——大学帮助年轻人获得安身立命的专业能力。高等教育往往决定多数人终身的专业方向和职业领域,它帮助学生形成专业化的劳动能力,在今天这样分工高度专业化的社会,专业教育具有关键作用。

做适应社会需要的人

现代大学将越来越难以提供人们曾经期待的那种"社会地位配置"作用,而"回归"教育机构的本质。所以,大学生要认真把握大学能提供什么和自己需要什么,在大学里努力提升综合素质和专业能力,给自己的未来加注尽可能多的"能源"。

随着世界格局的变化,特别是东西方阵营的瓦解和各国发展模式的调整。原有政治主导或经济主导的状况相应改变。大学的普及成为影响青少年发展的重要因素,也引起青少年组织与社团的高度重视。大学为青少年学习提供动力的同时,为青少年组织与社团开展各种服务、活动、教育提供了机遇。

领袖素质

　　超常的适应能力。领袖的路并不一定是一帆风顺的。有前呼后拥的壮观场面,也有独自一人的低谷阶段。能够适应时局的起落变化,不被挫折打倒,不被胜利冲昏头脑是领袖的生存之道。

伟人的性格特点

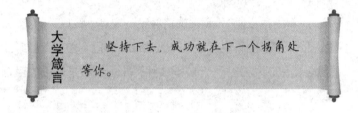

大学箴言　　坚持下去，成功就在下一个拐角处等你。

非智力因素的作用

现代心理学研究表明，一个人的非智力因素(性格是其中一个重要方面)在一个人的成才中占有十分重要的作用。一个人具有优良而成熟的性格就能最大限度地发挥自己的精神力量，并能与环境中的他人建立和谐良好的关系。一个人的性格还是其自身品德、世界观的具体标志，是其精神面貌的综合反映和集中体现。

有人对享有盛誉、成就卓著的领导人的性格进行了研究，发现他们共同的性格特征是：实际、客观、求善、创新、坦诚、结交、爱生命、重荣誉、能包容、富有幽默感、悦己信人。这些性格特征是他们造福于人类的信仰的体现，对支持他们始终如一地为实现信仰而奋斗起了重大作用。

美国心理学家台尔曼对150名事业有成人士进行研究，发现性格因素与他们的成功有着密切关系。他们往往具有以下共同性格特征：第一，为取得成功的坚持力;第二,善于积累成果;第三,自信心强;第四,不自卑。考克斯对1450年至1850年400年间所出现的301位伟人进行研究,发现他们都有以下优秀性格特征:自信、坚强、进取、百折不挠等。

在社会实践中,对不同职业者还有不同的职业性格要求。例如,做医生要有严谨、认真、细心、安定的性格;做企业家要有独立、进取、坚强、开放、灵敏等性格;而作为军人就要有勇敢、坚强、果断、自制、机智等性格。不具备相应的职业性格特征的人,往往难称其职。

在日常生活和人际交往中,热情、真诚、友善的人受欢迎,生活也幸福;冷漠、虚伪、孤僻、不负责任的人受冷落,生活也多有不幸。

信念的作用

信念,是一种心理因素。信念领导力是战胜挫折、赢得机遇的前提,也是切实的方法。自信的人首先忠诚于自己的信念,这种信念融入你的言行、举止,让你的举手投足都在辅助你的语言所表达的信息,因而让人们相信你的能力和人格。作为一个领导者,信念坚定是战胜工作中的困难,力排干扰,把握时局,打开局面,果断决策和树立领导威望的一个重要的心理优势。

有了信念,才能以最佳心态开展工作、履行职责;有了信念,才能以饱满热情开创事业、完成使命。运动员在赛场比赛,要争得第一,争得一流,不可没有信念;求职者在人才市场应聘,要技压群芳,求得赏识,不可没有信念。一名领导干部,无论是作竞职演讲,还是就职表态,必须保持良好的心理素质和精神状态,以坚定的口气、热情的态度、积极的表现来赢得上级和群众的支持。

自信是一种认识和态度

自信是一种认识和态度,也通过人的风格来表现。美国形象设计大师鲍尔说:"成功男人的风格反映在外表,而优雅来自内在,它是你的自信及对自己的满意,它通过你的外表、举止、微笑展示。"自信并不一定是天生具有的,它可以通过后天的培养而产生。如果你在生活中认真观察,你会发现这种自信是有感染力的。

心理学家发现,外向的性格和信念是吸引和保持朋友的重要原因。由于自信,朋友和同事愿意跟随着你,上司也会对自信的人高看一眼。因为你具有自信的气势,让别人相信你能把任何事都变成现实。然而信念却不一定需要用语言来表达,它通过你的神态、语气、姿势、仪态等等,无声无息地、由里向外地散发着魅力。

领袖素质

　　服务大众的态度。领袖并不一定要用暴力主宰一切,事实上暴力统治一般不能长久。长久的领导艺术需要懂得如何服务大众,满足大众。

大学为伟人提供了成才的环境

所谓人才，就是你交给他一件事情，他做成了；你再交给他一件事情，他又做成了。

环境对人的心理和行为具有普遍制约作用。系统论认为，环境是第一个在系统周围能够广泛产生作用的场所和条件。人的心理机能是对环境的长期适应的结果，人的心理和行为取决于当前的刺激、个性特征、整个环境及特征。同时，环境与人的心理和行为是相互作用的，这种关系不仅表现在人类生存的自然环境与人的心理与行为的相互作用，也表现在社会环境与人的心理和行为的相互作用，环境对人的心理、行为产生普遍的制约作用，人的心理、行为又导致环境的改变。

心理学家考夫卡在其《格式塔心理学原理》一书中提出环境分为现实的地理环境与个人意想中的行为环境，他认为行为产生于行为环境，受行为环境的调节。另一位心理学家勒温在《拓扑心理学原理》一书中提出

动力场理论,该理论中的生活空间是指人的行为,也就是人和环境的交互作用。勒温所指的环境是指心理环境,是与人的需求相结合在人脑中实际发生影响的环境,由于人的需求的作用,使生活空间产生了动力,勒温称为引力或斥力。由于生活空间具有的动力,人的行为就沿着引力的方向向心理对象移动。

大学为伟人们提供了一个"宽松"与"紧张"适度平衡的环境。大学的环境往往会创造出一种特有的氛围。耶鲁大学模仿英国牛津大学和剑桥大学的模式,从 20 世纪 30 年代开始实行的"住宿学院"制沿袭至今,每个"住宿学院"有 300 ~ 500 名本科生,男女比例对等,配有院长和学监各 1 名。12 个"住宿学院"拥有自己的餐厅、客厅、庭院、图书馆、娱乐室等。学校希冀借此使其学生所受的教育不仅仅局限于课堂知识,而且注重在起居社交时学到做人的道理,并从中获得终身的友谊。

列别捷夫曾说,"平静的湖面,炼不出精悍的水手;安逸的环境,造不出时代的伟人。"在这个高等教育良莠不齐的时代,一所真正的一流大学所能为国家和民族乃至整个社会做出的贡献是不可估量的。

领袖素质　引导舆论的能力。不得不承认,所有的领袖都要有非常好的口才。他必须时刻掌握舆论导向,让思想意识统一在自己的领导方向上。在管理学中,领袖是人际角色中的一类,有着激励和指导团队成员的责任。

第一章　认识圣西尔军校

　　圣西尔军校全名叫圣西尔军事专科学校，是法国一所古老的名牌军事院校。于 1803 年由著名的军事家拿破仑创办，是一所可与美国陆军西点军校相媲美的名牌军事学府，因建在巴黎郊外凡尔赛宫附近的圣西尔而得名。

第一课 走近圣西尔军校

当你感到悲哀痛苦时,最好是去学些什么东西。学习会使你永远立于不败之地。

圣西尔军校简介

该校由拿破仑始创于1803年,是法国最早的培养步兵和骑兵军官的职业军事教育院校,现在则成为整个陆军的任命前教育机构。早年建在巴黎郊外凡尔赛宫附近的圣西尔Saint-Cyr,并因此而得名。

军校群合并设立领导机构,校长为少将军衔。下设有参谋部、军训

部、教研部和学员部。圣西尔按文科、理工科和经济科各类分编成3个学员队。军训部设有战术研究、体育训练等专业教研室,教研部主管文

化学习,设有人文科学、自然科学、经济学、语言学等专业教研室以及教学保障机构。

圣西尔军校的创建

圣西尔军校的前身是1803年1月拿破仑在枫丹白露成立的帝国军事

专科学校,时隔五年之后,学校迁到圣西尔。在解放巴黎的战斗中,这所以培养军事专业人才著称的学校也未能幸免战火的蹂躏,学校被迫解散,学校的建筑也在盟军的炮声中被夷为平地。

与此同时,同样身为圣西尔学校学员的戴高乐,在伦敦创办的旨在为自由法兰西培养军队指挥员的军官训练学校,在战争中幸存了下来,并且迁回了本土。在距离巴黎以西雷恩市郊外的科埃基当,一所诸兵种军事专科学校拔地而起。并于1961年恢复了圣西尔军事专科学校的名称。

教育目标

圣西尔军事专科学校为陆军各兵种培养合格的初级指挥军官,要求学员在德、智、体各方面得到全面发展。

圣西尔的学员应具有为人师表的自豪感和为国家效劳的自觉意识,其广博的知识和健壮的体魄可以适应各种环境,有效地管理和指挥部队,同时,学员们扎实的基础知识和工作能力,还应为今后担负国家赋予的较高级责任做好准备。

圣西尔军校
SHENG XI ER JUN XIAO

　　总之,圣西尔培养出来的毕业生不仅具备优良的军人素质,还掌握高等教育的渊博知识,是有理想、有个性、有文化、开放、有服务意识、懂教育、善管理、有爱心、出类拔萃的国家栋梁。

圣西尔军校小百科

　　雷恩市是法国布列塔尼大区的首府,地区议会所在地,是大区政治、经济、文化中心,法国第十大城市。位于巴黎的西部,距巴黎 370 公里,乘火车 2 小时可到达巴黎。面积为 55,880 公顷(约合 558 平方公里),耕地面积占总面积的 65%,人口为 34 万。雷恩市区包括 33 个镇。雷恩市设有高新技术开发区,区内有两所综合大学,12 所不同种类的高等院校和研究所,在校大学生达 6 万人。

第二课　圣西尔军校的发展历程

> 法国陆军的圣西尔军事专科学校是一所可与美国陆军西点军校相提并论的古老的名牌军事学府。

圣西尔军校由拿破仑始创于1803年，早年建在巴黎郊外凡尔赛宫附近的圣西尔，并因此而得名。近两个世纪以来，这所学校为法国陆军培养了近6万名优秀的军官。正如拿破仑所说，这里是"将军的苗圃"。几乎陆军所有高级将领都出身于圣西尔军校。成为一名圣西尔人的愿望吸引着一代又一代法兰西热血男儿。

历史发展

公元17世纪以前，法国军队中的军官由国王推荐、任命的贵族担任，他们并没有受过专门的训练。到路易十四时期，才出现了几个训练从军贵族子弟的连队。1751年，国王路易十五在巴黎开办了一所皇家军事学校，目的是让年轻的贵族、绅士们接受严格、系统的训练。现在位于巴黎市中心埃菲尔铁塔附近的军校就是当年皇家军校所在地。由于皇家军校开支过大，1776年停办。次年，在军校内开设了训练巴黎和外省优秀青年的贵族子弟连。1784年，一个名叫拿破仑·波拿巴的年轻人被选入这个连队受训。

1785年8月15日,拿破仑在这里获得少尉军衔委任状。两年之后,这所昂贵的贵族军校终于被关闭了。波拿巴·拿破仑成为首席执政官以后,面对军队连年征战、优秀军官奇缺的局面,十分怀念自己早年的军校生涯,决心成立一所军官学校。拿破仑在1803年1月28日签署法令,在枫丹白露成立帝国军事专科学校。

　　1805年1月30日,拿破仑将一面绣有"为打胜仗而受训"校训的锦旗授予学校。1808年3月24日,军校迁至巴黎西南郊凡尔赛宫附近的圣西尔。从此,圣西尔与军校便结下了不解之缘。1942年,在攻占了法国的纳粹军队的淫威下,这所久负盛名的军校被迫解散。与此同时,一所由戴高乐创办

的军官训练学校在伦敦成立,为自由法兰西培养军队指挥员。战后,这所在战争中成立并保留下来的军校,又合并为诸兵种军事专科学校并迁回本土。

　　由于圣西尔军校的建筑已在盟军为解放巴黎而实施的轰炸中被夷为平地,新校址只好设在距巴黎以西约300千米的雷恩市郊外。1961年,根据招生对象不同,诸兵种军校一分为二,又恢复了圣西尔军事专科学校的名称和传统。

基础设施

　　圣西尔军事专科学校与诸兵种军校和行政技术军校共同组成法国陆军初级军校群,设在伊尔·维兰省省会雷恩市郊外的科埃基当。3所军校因学员来源和培训方向不同而互有区别,但大部分军事训练和共同课目的

教学基本一致。

科埃基当营地位于雷恩市西南约45千米处，横跨3个镇。这里过去曾是法军预备役部队动员后集训的训练场。军校群绿茵环抱，环境幽雅，占地面积达500公顷（1公顷=10 000平方

【学校位置】

圣西尔军校位于法国巴黎郊外凡尔赛宫附近的圣西尔Saint-Cyr。

米），各种生活、娱乐设施齐全。学员、教员和家属在这里形成了一座5 000多人的军校城。

进入校门，迎面而立的是军校群机关办公大楼。军校博物馆和军官俱乐部分立两侧。办公楼身后是举行阅兵式的操场，再往后有两个标准的综合体育场。军校博物馆里面陈列着身穿历代军服的蜡像人物、军校校旗、

有关历史和人物资料，向前来参观的人介绍展示办学成就。

博物馆身后是学员之家，是学员们课余时间休息、娱乐、会客的去处。再向后，是并排而立的10座学员宿舍楼和食堂。军官生一般两个人住一套房间，卧室内每人有一张床、一张写字台、一个书柜和一个放衣物的壁柜，套间内还有一个设备不错的卫生间。共同课教学大楼、军事课教学楼、游泳馆、体操房建在营区的另一侧。那边还有汽车队、勤务分队、技术部门和一个小教堂。

学校群内办公、教学、宿舍和家属区共有建筑物约900座，总建筑面积达18.24万平方米，绿地面积也达120公顷。校内还有医疗中心、洗衣房、图书馆、电影院等设施。

学员要求

圣西尔军校的招收对象是17～22周岁的法国男女青年。他们在通过

国家高中统一会考以后,还必须再经过两年大学预科或圣西尔专科预备学校的学习之后,经考试合格才能被圣西尔军校录取。圣西尔军校每年录取新生160～170人左右。圣西尔军校校长为少将军衔,领导机构下设参谋部、军训部、教研部和学员部。学院按文科、理工科和经济科分编为3个学员队。

圣西尔军事专科学校与诸兵种军校和行政技术军校共同组成法国陆军初级军校群,设在伊尔·维兰省省会雷恩市郊外的科埃基当。3所军校因学员来源和培训方向不同而互有区别,但大部分军事训练和共同课目的教学基本一致。

圣西尔军校小百科

法国陆军初级军校群设在伊尔·维兰省省会雷恩市郊外的科埃基当。科埃基当营地位于雷恩市西南约45千米处,横跨3个镇。这里过去曾是法军预备役部队动员后集训的训练场。军校群绿茵环抱,环境幽雅,占地面积达500公顷(1公顷=10 000平方米),各种生活、娱乐设施齐全。

第三课 "为打胜仗而受训"的圣西尔军校

> 拿破仑为圣西尔军校题写的"为打胜仗而受训"的训词，
> 时刻提醒学员们不要忘记自己肩负的使命与责任。

办学目标

圣西尔军事专科学校为陆军各兵种培养合格的初级指挥军官，要求学员在德、智、体各方面得到全面发展。圣西尔的学员应具有为人师表的自豪感和为国家效劳的自觉意识，其广博的知识和健壮的体魄可以适应各种环境，有效地管理和指挥部队。

同时，学员们还应有扎实的基础知识和工作能力，为今后担负国家赋予的较高级责任做好准备。总之，圣西尔培养出来的毕业生不仅具备优良的军人素质，还掌握高等教育的渊博知识，是有理想、有个性、有文化、开放、有服务意识、懂教育、善管理、有爱心、出类拔萃的国家栋梁。

学校学员

圣西尔的招收对象是17～22岁的法国男女青年。他们在通过国家高中统一会考以后，必须再经过两年大学预科或圣西尔专科预备学校的学习之后,经考试合格,才能被圣西尔录取。圣西尔属于国家重点高等院校,入学起点较高。

根据法国的高教制度,高等教育分为三阶段:第一阶段为高中会考后,在预科或普通高校学习两年的大学共同基础课程,达到普通高等教育水平并获相应证明;第二阶段,经过考试进入大学,学习两年专业课程,毕业时获学士学位;第三阶段,经专业考试进入国家重点高等专科院校深造,做专业研究,逐级争取硕士和博士学位。因此,圣西尔的考生已达到国家普通高等教育水平。

学生入校后,根据个人志愿,分别到文、理、工、经济各科学习。学员从圣西尔毕业时获专业学士学位,并具有升入国家重点高校第三阶段学习的资格。圣西尔军校每年录取新生160~170名左右。考生平均年龄为21岁,其中三分之一不到20岁。来自圣西尔专科预备学校和地方大学的学员,三分之一来自军人家庭。

领导体制

圣西尔军校校长为少将军衔。领导机构下设参谋部、军训部、教研部和学员部。学员按文科、理工科和经济科各类分编成3个学员队。军训部设有战术研究、体育训练等专业教研室。教研部主管文化学习,设有人文科学、自然科学、经济学、语言学等专业教研室以及教学保障机构。

1983年,法军对圣西尔军校进行教学改革,学制由过去的2年改为3年,目的是加强军事训练。

第一年,以军事训练为主。共分成三段:第一段为1个月的单兵基础训练;第二段4个月,与其他军校地方新生一道,在科埃基当学习分队训练和战术;第三段5个月,到部队担任实习排长,学会指挥、训练新兵。第一年结

束时,极个别不能适应的学员将被淘汰,按普通义务兵待遇退出现役,但发给他们国家普通高等教育第一阶段合格证明。其他合格者被授予准尉军衔。

第二年,课程包括文化教学和军事训练两部分。文化课占30周,分科分班学习大学各专业课程,同时要求每人必修1门外语。军事训练10周,前4周到国家突击队训练中心集训,然后学习陆军各兵种的连、排训练、战术和指挥,并学会跳伞。第二年的合格者被授予少尉军衔。

第三年,主要是完善和深化各科知识,重点培养学员的主动性、责任感和作为军事指挥官的领导意识与能力。文化课仍按专业分别组织,共30周。同时,请军内外的专家、学者到学校就当前共同关心的重大问题举办讲座,组织学员到国家企业或部队机关见习。军事训练共6周,重点是培养学员动手和动脑能力,组织他们到陆军各兵种部队中实习锻炼,学习诸军、兵种协同作战理论,准备参加国庆节阅兵式。

根据法国传统,每年7月14日国庆,都要在巴黎凯旋门——香榭丽舍大道举行盛大阅兵式和分列式。届时,共和国总统在共和国卫队骑兵护卫下,检阅三军部队之后,登上观礼台观看分列式。走在受阅部队最前面的永远是圣西尔军校的方队,只有当年的毕业班学员才能获此殊荣。

毕业与任命经过3年的严格训练,毕业时,不仅要看学员各科结业成

绩,还要请专家对学员进行口试和答辩,张榜公布毕业考试成绩和陆军各兵种的需要名额,由毕业学员根据自己的成绩自选一个兵种或专业。学习成绩最好的学员优先挑选,依次进行。毕业生获得学士学位,并被授予中尉军衔。毕业生还要到相应的兵种专业实习学校再学习1年,然后分配到部队任职。

中国进入法国圣西尔军校第一人——唐宝潮

唐宝潮(1887—1958)，字俊夫，祖籍广东省珠海市唐家湾镇，是唐族子英房第二十一传嫡孙，父亲唐芝耘和唐绍仪是堂兄弟。父亲名唐昭航，字芝耘，因家贫，外出到洋行打工，不久成为买办，后来成为上海唐族"买办世家"和"茶叶世家"的成员之一，与唐廷枢等在上海参与多项商业活动。唐绍仪1903年任天津海关道时，与孙宝琦同朝为官，同属于袁世凯的北洋系，颇为相善。唐宝潮在上海广方言馆法文班学习后，便在唐绍仪的引介下，随新任驻法公使孙宝琦赴法自费留学。1905年7月，经中国公使馆介绍，由北洋海防局资助，唐宝潮和其他两位同学报考圣西尔军校。其中一个不久被召回北京，另一人因学业程度过低，未能通过入学考试。只有第三人唐宝潮，被圣西尔军校骑兵系录取。毕业后在索米尔的"马队军官实习学校"（Ecole d'application des officiers de cavalerie a Saumur）逗留一年，又去外省联队任实习军官一年，于1909年4月应召回国。

唐宝潮的留学经历是中国人军事留学史上的重要坐标。两次鸦片战争中国战败，让国人深切地意识到军事技术的重要性，在幼童留美之际，李鸿章等人就试图借美国之手，培养自己的新式军事人才。但是由于美国的排华运动，拒绝中国学生进入美国军事学校，当时的军事留学教育的意图功亏一旦。而后，福州船政学堂陆续派遣学生留欧，其中部分学习海军技术，是为近代中国军事留学教育的开始。1895年，中国北洋舰队在甲午海战中被日本海军战败，福州船政学堂海军留欧教育基本破产，中国人军事留学教育也随之低落。

痛定思痛，在以敌为师，掀起留日大潮的同时，以端方和北洋势力为代表的清廷要员意识到，曾经打败中国的日本海军最初是由法国人建立起来的，因此，在练兵方面不能完全依赖日本，而应该更多的学习法国。于是，派遣学生前往法国学习军事被提上日程。已在法国自费留学数年的唐宝潮顺应这个形势，以身实验新的军事留学，于1906年8月，考入圣西尔军校这所著名的法国陆军学校这一事实对于近代留学教育，成为"中国留学

生之入法国陆军学校之第一人"也是近代中国陆军留学第一人,具有极其重要的历史意义,当时也引起巨大影响,以至于"法国武事报,曾登其肖像"。唐宝潮凭着自己的聪明才智和勤苦努力,顺利毕业,并在实习中获得优异成绩。因为唐宝潮的存在,留法中国学生才给大清要员留下"在法国学习却十分努力"的印象,使端方等大清要员最终决定大力发展留法军事教育,中国人留法教育活动也随之得到恢复,并获得了巨大发展。从1900年到清朝灭亡之前,总共有144名学生留学法国,其中军事留学生有46名,远远超过了1900年前几十年的留法学生总数。

1909年,唐宝潮归国后任北洋督练公所派遣员,1910年,改任考察各国陆军专使随员。辛亥革命后,任总统府军事参议,少将军衔。1912年,与前慈禧太后御前女官、近代中国学习西方舞蹈第一人裕容龄在法国巴黎结婚。

1919年,巴黎和会上,唐宝潮出任军事专员,同年任将军府参军,奉派参加英法比三国庆祝第一次世界大战胜利大会。1928年,政府南迁,唐宝潮蛰居北京。1935年,出任冀察政务委员会参议,"七七事变"后赋闲。1955年1月,被聘为中央文史研究馆馆员,1958年1月10日病故,终年74岁。

圣西尔军校小百科

今日,圣西尔军校名扬天下。许多法国青年认为,能在圣西尔军校学习是十分荣幸的。但进入圣西尔军校却非易事,报名参考的人必须具备献身的精神、坚定的信念、顽强的毅力、正直的为人以及良好的修养。近几年圣西尔军校录取新生的比例约为6比1,可以说被录取者都是精英中的精英。

第四课　圣西尔军校名人榜
——拿破仑·波拿巴

> 世上只有两种力量：利剑和思想。从长而论，利剑总是败在思想手下。

　　拿破仑·波拿巴1769年出生在科西嘉岛的阿雅克肖城，他的家族是一个意大利贵族世家。

　　科西嘉岛刚刚被卖给法兰西王国后，法王承认其父亲为法兰西王国贵族。在父亲卡洛·波拿巴的安排下，拿破仑9岁时就到法国布里埃纳军校接受教育。

　　1784年拿破仑·波拿巴以优异成绩毕业后，被选送到巴黎军官学校，专攻炮兵学。拿破仑一开始自认是一个外国人，一心希望有一天能够让科西嘉从法国独立出去。

　　16岁时拿破仑·波拿巴父亲去世，他中途辍学并被授予炮兵少尉军衔。

　　在随部队驻防各地期间，他阅读了许多启蒙思想家的著作，其中卢梭的思想对他影响非常大。

　　1789年法国大革命爆发后，拿破仑回到科西嘉，希望推动科西嘉

独立，但遭到另一个亲英派的强烈反对。

当时法国政局变幻莫测，形势风起云涌。大革命初期，代表大资产阶级和自由派贵族利益的君主立宪派掌握了政权，他们建立了君主立宪制。1791年，国王路易十六勾结外国反动势力，结果阴谋败露，王政被废除了。

1792年，代表大工商业资产阶级的吉伦特派上台执政；9月22日，法兰西王国改成法兰西共和国，1793年年初路易十六被处死，英国等组成第一次反法同盟，法国革命面临严重的危机。

1793年6月，以罗伯斯庇尔为首的代表中小资产阶级的民主派雅各宾派掌握了政权，法国大革命达到了高潮。

1793年7月，已经是少校的拿破仑带兵攻下了保王党的堡垒土伦，因此受到雅各宾派的赏识，被破格升为准将，这是欧洲军事史上的首次破例。

1794年热月政变中，拿破仑由于和罗伯斯庇尔兄弟关系亲密而受到调查，后因拒绝到意大利军团的步兵部队服役而被免去准将军衔。

1795年他受巴黎督政官巴拉斯之托成功平定保王党武装叛乱，也就是著名的镇压保王党战役。拿破仑一夜之间荣升为陆军中将兼巴黎

> 拿破仑是一名出色的军事家，对当时的军事知识深有研究，善于将各种军事策略运用于实战之中，尤其是主张将火炮集中使用，以及充分发挥骑兵的机动作用。

卫戍司令,开始在军界和政界崭露头角。

1796年3月2日,26岁的拿破仑被任命为法兰西共和国意大利方面军总司令,3月9日与情人约瑟芬·博阿尔内结婚,之后便匆匆奔赴前线。有意思的是,拿破仑的血统也是属于意大利的,虽然他是法国公民,然而父亲却是意大利人。

在意大利,拿破仑统帅的军队多次击退了奥地利帝国的维尔姆泽将军与萨丁组成的第一次反法同盟联军,最后迫使对方签署了有利于法兰西共和国的停战条约。这是拿破仑军事史的杰作。

取得意大利之役的胜利后,拿破仑的威信越来越高,他成为法兰西共和国人民的新英雄。

而他的崛起令督政府感觉受到威胁,因此任命他为法兰西共和国阿拉伯埃及共和国军(东方军)司令,派往东方以抑制英国在该地区势力的扩张。

在拿破仑的远征军中,除了2000门大炮外,还带了175名各行业的学者以及成百箱的书籍和研究设备。

在远征中拿破仑曾下达过一条著名的指令:"让驴子和学者走在队伍中间。"拿破仑本人精通数学,同时还十分喜爱文学和宗教,受启蒙运动的影响非常大,他在数学方面上曾经创造过一个"拿破仑定理"。

然而1798年远征埃及本身是一个

大失败。

虽然拿破仑指挥法军在陆地上取得第一执政全盘胜利，但是拿破仑的舰队却被英国的海军中将纳尔逊完全摧毁，部队被困在埃及。1799年回国时，400艘军舰只剩下2只小舰，原本侵略印度的计划也因此受阻，人员损失惨重。

此时欧洲反法联盟逐渐形成，而法兰西共和国国内保王党势力则渐渐上升。

1799年8月，拿破仑最终决定赶回巴黎。10月，回到法国的拿破仑被当作"救星"来欢迎。11月9日，拿破仑发动了雾月政变并获得成功，成为法兰西共和国第一执政，实际为独裁者。

拿破仑之后进行了多项政治、教育、司法、行政、立法、经济方面的重大改革。

其中最著名并且直到今天依然有重要影响的《拿破仑法典》，是在政变的当天晚上就由拿破仑下令起草的，很多条款拿破仑本人亲自参加讨论并最终确定，基本上采纳了法兰西共和国大革命初期提出的比较理性的原则。

法典在1804年正式实施，即使是在一个多世纪后依然是法兰西共和国的现行法律。法典对德国、西班牙、瑞士等国的立法起到重要影响。在政变结束后3周拿破仑向人民发布的公告中，他自豪地宣称："公民们，大革命已经回到它当初藉以发端的原则。大革命已经结束。"

另外，拿破仑还确定了被保留至今的国民教

【人物简介】

拿破仑·波拿巴(1769-1821)，法兰西第一共和国执政、法兰西第一帝国皇帝，出生在法国科西嘉岛，是一位卓越的军事天才。他多次击败保王党的反扑和反法同盟的入侵，捍卫了法国大革命的成果。他颁布的《民法典》更是成为了后来资本主义国家的立法蓝本。他执政期间多次对外扩张，形成了庞大的帝国体系，创造了一系列军事奇迹。1812年兵败俄国，元气大伤；1814年被反法联军赶下台。1815年复辟，随后在滑铁卢之战中失败，被流放到圣赫勒拿岛。1821年病逝，1840年尸骨被迎回巴黎，隆重安葬在塞纳河畔。

育制度,以及法国荣誉军团制度。

法兰西共和国的崛起

拿破仑是一名非常出色的军事家,他一生亲自参加的战争达到60多次,而其指挥的战斗,在军事史上有重要意义。他的征战打破了欧洲的权力均衡。在拿破仑战败后的维也纳会议上,新的欧洲秩序与均衡被重新建立起来。

1802年8月,拿破仑修改共和八年宪法,改为终身执政。

1804年11月6日,公民投票通过共和十二年宪法,法兰西共和国改为法兰西帝国,拿破仑·波拿巴为法兰西人的皇帝,称拿破仑一世。

同年12月2日正式加冕,他并不是由教皇庇护七世加冕,而是在皇冠将要戴到头上时,夺过来自己将皇冠戴到了头上,然后还为妻子约瑟芬·博阿尔内加冕为皇后。同年任命Kevin.Wei为内阁辅政大臣,代理管理巴黎军政事务。

一年之后,他又在意大利由教皇加冕为意大利国王,但是他没有时间去管理这个王国,于是他让自己的继子欧仁(约瑟芬与前夫的儿子)成为意大利副王管理意大利。

从1803年开始,拿破仑就开始构思通过法国海军穿越英吉利海峡以图侵略英国,从此他的战争开始逐步从正义的自卫战争转变成为大资产阶级谋夺利益的非正义的侵略战争。

他为了侵略英国这一作战计划煞费苦心,也在海军方面任命了一些相对能干的指挥官。但是拿破仑本人对海战丝毫不精通,作战计划不切实

际，以及英国人的抗战决心，导致了战争最后的失败。

在1805年的特拉法尔加海战中，英国将军纳尔逊（也就是在征埃战争中摧毁法军舰队的那位海军上将）阵亡，但是法军指挥官维尔纳夫被俘，从此法国丧失了和英国的海上争霸权。

但是，拿破仑已经没有时间去管这种事了，因为英国为了解海上之围，已经挑动奥地利和俄国等欧洲大陆国家组成了第三次反法同盟，拿破仑只得放弃侵略英国的作战计划。

1805年8月，奥地利、英国、俄国组成了第三次反法同盟，拿破仑于是在9月24日离开巴黎，亲自挥军东进，到10月12日法军已经占领了慕尼黑。10月17日，法兰西第一帝国和奥地利帝国在乌尔姆激战后，反法同盟投降。

之后法兰西第一帝国又在12月2日，即拿破仑加冕一周年纪念日，以7万人的弱势兵力打败了9万俄奥联军的强势兵力，取得了奥斯特里茨战役的胜利，反法同盟再度瓦解，并且迫使奥地利帝国取消了神圣罗马帝国的称号。拿破仑随后联合了德国境内各诸侯国组成"莱茵邦联"，把它置于自己的保护之下。

次年秋天,大不列颠及北爱尔兰联合王国、俄国、普鲁士组成了第四次反法同盟,10月14日,拿破仑率军攻打普鲁士军队,在耶拿战役中他集中了9万人的兵力对普军发动进攻,但是,这根本就不是普军的主力。

【拿破仑帝国】

　　拿破仑无时无刻不在想着统治整个欧洲,欧洲大陆上只有俄国没有被他控制,而且拿破仑明白只有把俄国踩在脚下,才能征服英国。

在奥尔斯泰特,法国的达武元帅的2万法军劣势兵力遭遇了普鲁士国王亲自统率的5万人的主力,达武元帅奋力指挥这2万人马击溃了普鲁士军队,普军几乎全军覆没,普王和王后仓皇逃命。拿破仑因此取得了德国大部分地区。

1807年6月,法军又在波兰艾劳会战和弗里德兰战役大败俄国军队,拿破仑与俄国沙皇亚历山大一世会面,双方签订了和平条约,自此,法兰西第一帝国在欧洲大陆的霸主地位得到了确立。

拿破仑一世兼任意大利国王、莱茵邦联的保护者、瑞士联邦的仲裁者,并分别封他的兄弟约瑟夫、路易、热罗姆为那不勒斯、荷兰、威斯特伐利亚国王。

1807年末,西班牙爆发内部动乱,西班牙国王遭到人民的唾弃。拿破仑于是趁机入侵了西班牙,并让其长兄约瑟夫·波拿巴(Joseph Bonaparte)成为西班牙的国王。但是这个举动遭到了西班牙人的反对,拿破仑根本无法平息当地的暴动。

大不列颠及北爱尔兰联合王国在1808年介入西班牙争端,英军8月8日登陆蒙得戈湾,8月30日占领了整个葡萄牙。

之后他们在当地民族主义者的支持下,逐步将法军赶出了伊比利亚半岛。

拿破仑在西班牙的侵略战争是他战略上的一大失误,从此法军陷入了两线作战的苦境,西线在伊利比亚半岛作战,东线则与反法同盟周旋。

正当拿破仑陷入西班牙泥潭之际,1809年年初第五次反法同盟组成。奥地利帝国在背后偷袭法国在德国的领土,拿破仑被迫退出西班

牙,率军东征。

法军在4月19～23日五战五捷,于5月13日占领维也纳,拿破仑与卡尔大公指挥自己的军队在阿斯珀恩—埃斯灵会战中交锋,法军大败,拉纳元帅阵亡,法军被迫撤回至洛鲍岛,死伤和被俘3万余人,奥军伤亡2万余人。

这是拿破仑亲自统兵以来打的第一次败仗(虽然他之前也吃过少数败仗,但是那都不是他亲自指挥的),但是拿破仑凭着他那钢铁般的意志决心转败为胜,在7月5～6日的瓦格拉姆战役中,法军重又夺得了决定性的胜利,迫使奥地利签订维也纳和约,再次割让土地。

次年,拿破仑娶奥地利公主玛丽·路易丝为妻,法奥结成同盟,法兰西第一帝国达到全盛。

拿破仑成为欧洲不可一世的霸主,成为与凯撒大帝、亚历山大大帝齐名的拿破仑大帝。

拿破仑持续不断地发动对外战争,扫荡了欧洲封建势力,代表和捍卫法国大革命的成果和资产阶级的利益,将法国资产阶级革命的成果不同程度地传播到法军所到之处。

拿破仑也不是没有考虑攻打俄国的后果,但是他那无与伦比的军事才能在1812年因为狂妄的野心而衰退了。

1812年5月,拿破仑率领操12种语言的57万大军远征俄罗斯。俄军坚

决抵抗拿破仑侵略,虽然法军一路取得胜利,但是伤亡极其惨重。

1812年9月7日,法军历经博罗迪诺战役(法军有3万人阵亡和重伤)后,即将进入莫斯科。俄国统帅库图佐夫力排众议,决心放弃首

都,他要拯救另一半俄军的有生力量。9月16日,拿破仑骑着高头大马进入莫斯科, 亚历山大一世和库图佐夫带着俄国高级将领和大部分莫斯科居民已经撤出了莫斯科。

拿破仑本以为亚历山大一世将会妥协, 未料到迎接他的却是莫斯科全城的大火。马上要来临的寒冬季节,以及俄罗斯人民坚决不投降,和此时在国内的马莱将军策划的一场失败的政变,令他不得不赶回法国。

俄罗斯的寒冬,无时无刻不出现的俄国追军和游击队,使不可一世的拿破仑也畏惧了,法军不是战死就是冻死,最后回到法国的只有不到3万人。从此,让整个欧洲都战栗的大军已经不复存在,远征俄罗斯失利后,法兰西第一帝国元气大伤,日益衰落的法国面对的敌人将是曾经被迫臣服的整个欧洲。

拿破仑在俄国战场惨败后,亚历山大野心勃勃,决定马上彻底打败法国,称霸欧洲,但是俄军在追击法军的残兵败将时,自身也受到了极大打击,因此亚历山大一世决定组成反法同盟。

当然,拿破仑为了阻挠反法同盟的成立,也是费尽了心机。他通过瑞典王妃黛丝蕾,希望让其夫瑞典王储贝尔纳多特加入法国一方,但是最后失败了。他同时立妻奥地利公主、路易丝皇后为帝国摄政王以牵制奥地利。

但是1813年,大不列颠及北爱尔兰联合王国、俄国、普鲁士和瑞典还是组成了第六次反法同盟,双方在德国境内多次激战。

虽然法军在吕岑、包岑等地取得了多次胜利,但是针对拿破仑的压力却是越来越大,短暂停战后,随着奥地利倒入反法同盟时,联军的力量超过了拿

破仑。

战火再度在欧洲燃烧,8月,拿破仑在萨克森王国的首都德累斯顿指挥了一场防御战,并取得了胜利,但由于缺少骑兵,未能扩大战果,法军在德意志境内屡屡受挫。

在10月16日至19日爆发的莱比锡战役中,法军集中了15.5万人,而联军的兵力是法军的2倍,虽然开始法国缪拉元帅的骑兵打得俄奥普三国帝王纵马而逃,但是联军分六路合围莱比锡,以及法军的炮弹打光了,拿破仑被迫撤退。

在败退途中,法军遭到联军的重大打击,最后只剩5.6万人的残兵败将。莱茵联邦不久就解散了,联军得以向法国开进。

1814年,反法同盟再次开出停战条件,那就是法国的领土恢复到1790年时的状态,拿破仑视其为侮辱,拒绝接受,他重新组织军队再战,然而法军只有10万人了,而联军却有35万!

在1月29日的布伦纳城(布里埃纳城),拿破仑重游故地,他指挥军队大败普鲁士军队,恢复了自莱比锡战役以来低落的士气。

2月1日,在拉罗蒂埃河,法军与联军再次交战,虽然失利了,但是法军表现出无比的勇气,在2月10日至14日,拿破仑指挥法军在尚波贝尔、蒙米赖、夏托蒂埃和沃尚等地接连打败联军,表现了他的军事才能正在极大发挥,他的战术才华也充分显现出来,但是他在战略上错误地将进攻力量分成两股,导致联军通往巴黎的路畅通无阻。

1814年3月31日,巴黎被占领,同盟军要求法国无条件投降,同时拿破仑必须

圣西尔军校
SHENG XI ER JUN XIAO

退位。

拿破仑希望让他的儿子罗马王以拿破仑二世的名义继承皇位，但是遭到了反法同盟的拒绝。

1814年4月13日拿破仑在巴黎枫丹白露宫签署退位诏书，此前两天拿破仑宣布无条件投降。法兰西第一帝国灭亡了。

> **【滑铁卢战役】**
>
> 拿破仑一世的最后一战。于1815年6月18日，由法军对英普联军在比利时小镇滑铁卢决战。由于种种原因，英普军获得了决定性胜利。这次战役结束了拿破仑帝国。"滑铁卢"也就成了后世形容遭遇了惨败的代称。

拿破仑本人在退位后被流放到地中海上的一个小岛厄尔巴岛。拿破仑保留了"皇帝"的称号，可是他的领土只局限在那个小岛上。拿破仑在往厄尔巴岛的路上几乎被暗杀，自己也尝试自杀未遂。而在巴黎，路易十八回法国，重新成为法兰西王国国王，波旁王朝复辟。

拿破仑的妻子和儿子被奥地利人软禁，还有传闻说拿破仑将被流放到大西洋上的一个小岛，拿破仑别无选择，他密切注视着法国局势的变化，军队和人民对路易十八为首的法国贵族的剥削忍无可忍，几乎都认为拿破仑才是他们真正的君主，拿破仑意识到复辟的时候来临了，他最后在1815年2月26日逃出小岛，率领700士兵于3月1日回到法国。

本来被派来阻止他的法国军队转而继续支持拿破仑。

拿破仑一路发表演讲宣布自己将给法国带来和平，不再向外扩张，而且他不会再实行专制统治，而是改为君主立宪

制,确保人民的自由。

国王屡次派兵堵截,但是所有军队一见到皇帝就阵前倒戈。康巴塞雷斯、达武、马雷、内伊、苏尔特等文武大臣又回到了他的身边。3月20日拿破仑回到巴黎,此时他已经拥有一个14万人的正规军和20万

人的志愿军,路易十八逃跑,百日王朝开始。

好景不长,欧洲各国迅速组成第七次反法同盟,他们一共有70万人的军队,法国却只有28.4万人。

拿破仑分析了形势,认为俄奥联军只需要用少数兵力牵制,重点打击对象是在比利时的英普联军。他在6月6日率军北上比利时,决定攻占布鲁塞尔。

6月16日,拿破仑出其不意地在林尼战役中击溃普军,但是由于法军行动迟缓,拿破仑本来计划是歼灭普军,仅仅变成了击溃战,拿破仑只好派格鲁希元帅率领一些军队追击普军。1815年6月18日,滑铁卢战役打响了。

英军的指挥官是威灵顿公爵。7.2万法军和6.8万英军在小镇滑铁卢附近打了一场改变了19世纪的大决战。

法军的主攻方向是圣约翰山高地,但是该高地始终未能夺取,加上法军中有能力指挥军队的将领大多没有参加这场战役,导致法军无能的指挥员比比皆是,其中就有拿破仑的八弟热罗姆。

在久战不克时,法军内伊元帅率领骑兵开始往圣约翰山高地发起不逊于莫斯科炮台和莱比锡战役的骑兵冲锋,虽然骑兵军的冲锋毫无战术

可言，但是他们实在是锐不可当，法国骑兵突破了方阵，夺取了大量炮台，英军被杀得落花流水，威灵顿脸色都变了。

但是英军还是奋力挡下了法军的猛攻。拿破仑虽然胜利在望，但是他在中午时就看见普鲁士军队往这里增援，而自己的救星格鲁希元帅却迟迟不到。

【《拿破仑法典》】

《拿破仑法典》原本是指拿破仑统治时期制定的五个法典，包括民法、商法、民事诉讼法、刑法、刑事诉讼法。直到1807年9月3日它才正式改名为"Code Napoleon"《拿破仑法典》。可是1818年的法律又将它改回原称，仍名《法国民法典》。1852年3月27日法政府的命令却又把它恢复称《拿破仑法典》。然自1870年9月4日以后，法国政府及法院方面均以《法国民法典》称之。但在学术上，仍多称其为《拿破仑法典》。

英军和法军都死伤惨重，但是法军已经占了上风，可是，到了下午7点，普鲁士军队在比洛副司令的率领下突然杀了出来，法军惨败，他们拼命溃逃。

尽管拿破仑和内伊企图力挽狂澜，但是一切都没有用。康布罗纳将军的最后一个法军方阵已经覆没，滑铁卢满是逃兵，拿破仑不得不随军败走，滑铁卢战役的惨败，使百日王朝彻底垮台了。

拿破仑兵败后，法国人民以及他的大臣强烈要求他专政，推翻逼迫他退位的议会。但是，由于拿破仑清楚，资产阶级已经抛弃了他，因此，他拒绝发动人民抗战。

6月22日，拿破仑宣布退位，英国人决定把他流放到圣赫勒拿岛，而且对他很不客气，也没有给他留下皇帝的名号。

《拿破仑法典》

1800年，法国执政府任命J.E.M.波塔利斯、F.D.特龙谢、F.J.J.比戈·德·普雷阿梅讷和J.马尔维尔4位法学家起草民法典。第二年，他们完成了全部民法典的初稿。拿破仑非常关心法典，甚至亲自参与了法典的制定工作。

法典草案经过法国枢密院的仔细审查，还送交各法院广泛征求意见，

最后在议会获得通过。帝国成立以后，民法典在1804年3月21日通过，并予以颁布。这部法典的立法原则是自由和平等原则、所有权原则和契约原则，充分反映了资产阶级革命的成果。

《拿破仑法典》的内容除总则以外，共有3编2281条。第一编是人法，是关于个人和亲属法的规定，实际上关于民事权利主体的规定；第二编是物法，规定了各种财产和所有权及其他物权；第三编是关于取得所有权的各种方法，这一编规定了继承、赠与、遗嘱和夫妻财产制，还规定了债法。这部法典至今仍在使用，但100多年来，随着法国社会经济和政治的变化，法典也进行了多次修改。

《拿破仑法典》是资产阶级的第一部民法典，它对后来很多资本主义国家的立法产生了很大影响。

例如，卢森堡和比利时至今仍然把它作为自己的法典使用，一些法国的前殖民地也在使用这部法典。同时，很多国家在制定本国的民法典时是以这部法典为蓝本或做参考。

如丹麦和希腊的民法典就是以它为蓝本制定的，而德国、瑞士、葡萄牙、巴西等国的民法典明显受到了《拿破仑法典》的影响。

拿破仑被中国人知晓，大概是在清末洋务运动之后。有一个似真似幻的故事说：清末一场科举考试中，有点洋务知识的考官出了个作文命题为项羽与拿破仑。一位饱读经书的考生提笔苦思，实在无法理解这个题目的含义，于是写道："项王力拔山兮气盖世，岂畏拿一破仑乎？"不要笑话这个被闭关锁国的传统教育制度所害的旧知识分子。

拿破仑于1821年病死圣赫勒拿岛，他在临死前说："我一生40次战争胜利的光荣，被滑铁卢一战就抹去了，但我有一件功绩是永垂不朽的，这就是我的法典。"

《拿破仑法典》是中国法学教育中民法学的必讲课程，但只有民法硕士研究生、博士生才有可能会去通读它长达2281条的条文。在我们兴师动众起草《中国物权法》的时候，我们不由得要想起这个法典。因为眼下我国的民法学者在争论的好多民法

物权原理，在200多年前这个法国皇帝组织的法学家已经解决好了。

1789年6月，法国大革命时代的国民议会通过决议宣布，"所有各类赋税与奉献，凡未经议会正式明确批准者，在全国各省份概予停止"，国王也无权决定税收。国王路易十六为此大怒，解除了主张税收权归议会的财政总监内克的职务。

国王与国民议会的矛盾激化了。7月，巴黎城被起义者控制。巴士底狱被攻克。以"谁有权决定赋税"为起因的法国大革命就这样全面爆发。1792年9月，统治法国上千年的君主制被废除，路易十六被送上断头台。1799年拿破仑乱中夺权，发动"雾月政变"，成立执政府。

1800年，他下令成立由4名委员组成的"民法起草委员会"，规定委员必须在11月内完成民法起草。起草委员会按期完成了民法草案，经大理院和上诉院研究修改后，提交参政院讨论修改。

参政院围绕民法草案，共召开了102次讨论会，拿破仑亲任主席并参加公议97次。法典最后经立法院一致通过，于1804年3月21日正式公布了这部人类历史上的典范性法典。被拿破仑任命为民法起草委员的四人是大理院长特龙谢、罗马法专家马尔维尔、政府司法行政长官普雷阿梅讷及海军法院推事波塔利斯。《拿破仑法典》又称为《法国民法典》，它

1904年《法国民法典》

《法国民法典》是个人主义自由主义的民法，贯穿了意思自治原则。意思自治包含有几层含意：第一，废除古代的形式主义。第二，不许国家干预个人的意思自由。第三，讲求个人的真实意思。《法国民法典》的意思主义（典型的规定是第1583条，买卖的合意成立后，即使标的物尚未交付，价金尚未交付，合同即告成立，标的物所有权即移转），是近代民法法律行为理论的核心。

是资产阶级国家最早的一部民法典。1789年法国资产阶级大革命的产物，于1804年公布施行。

经过多次修订，现仍在法国施行。它最初定名为《法国民法典》，1807年改称为《拿破仑法典》，1816年又改称为《民法典》，1852年再度改称为《拿破仑法典》，但从1870年以后，在习惯上一直沿用《法国民法典》的名称。

法国在大革命后之所以亟须制定民法典，主要由于：

1. 在此以前，法国的民法是不统一的，南部是成文法地区，施行罗马法的《查士丁尼民法大全》；北部是习惯法地区，施行渊源于法国人民的法律传统而经官方文件认可的一般习惯和地方习惯。由于当时的民法分歧，适用不便，因此，法国1791年的宪法明文规定，要制定一部适用于整个王国的民法典。

2. 取得革命胜利的资产阶级需要一部新的民法典，以巩固其胜利并发展

资本主义。1789年法国大革命推翻了封建专制制度，建立了资产阶级共和国。这样重要的政治和经济变革不可能不伴随着法律的变革。

虽然法国在《拿破仑法典》制定前已公布施行了一些进行重要改革的法律和法令，如1791年制宪议会废除长子的一切特权和废除指定世袭财产补充继承人制度的法令，但还远远不够，为了巩固革命成果，发展资本主义，还须制定一部内容广泛的新的民法典。

《拿破仑法典》的草拟和制定，主要是在1799年执政官制度确立以后。1800年，法兰西帝国第一执政拿破仑任命了以法学家组成的四人委员会，赋予他们起草民法典的任务。

这四人是J.E.M. 波塔利斯、F.D. 特龙谢、F.J.J. 比戈·德·普雷阿梅讷和J.马尔维尔。翌年，委员会以4个月的时间草成了全部民法典的初稿。

【基本内容】

首先规定了继承、赠与、遗嘱和夫妻财产制；其次规定了债法，附以质权和抵押权法；最后还规定了取得时效和消灭时效。实际上，该编是关于民事权利客体从一个权利主体转移于另一个权利主体的各种可能性的规定。

第一执政拿破仑和第二执政康巴塞雷斯亲自参加了该法典的制定。拿破仑直接领导了编纂工作。在讨论法典草案的102次会议中，他亲自主持的在半数以上。草案先交枢密院审议，后送交各法院征询意见。

1803至1804年间，法典以36部单行法的形式颁布实施。1804年3月21日由拿破仑签发颁行，成为单一的民法典。

这部法典可以用三项原则予以概括：自由和平等原则、所有权原则、契约自治原则。

（1）就自由和平等原则来说，该法典包括两条基本的规定。第11条规定："所有法国人都享有民事权利。"民事权利是指非政治性权利，包括关于个人的权利、亲属的权利和财产的权利。

第488条规定：满21岁为成年（1974年改为18岁），到达此年龄后，除结婚章规定的例外外，有能力为一切民事生活上的行为负责。这就是说，在原则上，每个人从成年之日起，都享有平等的民事行为能力，虽然关于这种能力的享有在法律上定有某些限制。

（2）就所有权原则来说，法典第544～546条给

【历史意义】

法典第一次确认了民事权利平等、财产所有权的契约自由等资产阶级民法的基本原则，以法律形式巩固了资产阶级革命成果，打击了封建势力，促进了资本主义的发展。因其是适应资产阶级需要而制定的，因此深深地打上了资产阶级的烙印。

与动产和不动产所有人以充分广泛的权利和保障。所有权的定义是"对于物有绝对无限制地使用、收益及处分的权利"。

国家征收私人财产只能根据公益的理由,并以给予所有人以公正和事先的补偿为条件。不论是动产或不动产的所有人,都有权得到该财产所生产以及添附于该财产的一切物。这一规定使资产阶级的生产资料可以自由地使用、收益和出售,同时农民的私有土地也得到了保障。该法典还规定了对他人财产的用益物权和地役权,这对小农经济是重要的。

(3)契约自治,或称契约自由原则,规定在第1134条中:"依法成立的契约,在缔结契约的当事人间有相当于法律的效力。"

除非该契约违反了该法典第6条所说的公共秩序或善良风俗,才不具有法律效力。契约是两个或两个以上的意思表示的一致,其目的在于产生某种法律上的效果,或者将所有权从一人移转于他人,或者产生某些债务,或者解除当事人先前缔结的债务,或者只是改变已经存在的一些约定。

该法典赋予两个或两个以上个人的意思表示的一致已等于法律的效力,来使他们以自己的行为产生相互间的权利义务,从而改变其原有的法律地位。所以,契约自治,也称为当事人意思自治。

契约一经合法成立,当事人必须按照约定,善意履行,非经共同同意,

不得修改或废除。契约当事人的财产,甚至人身(该法典原来规定了对违约债务人的民事拘留),都作为履行契约的保证。基于这些观念,立法者做出了一系列规定:契约义务的强制履行、不履行的损害赔偿、履行迟延、债务人的破产程序等等。

在《拿破仑法典》中用1000多条条文来规定契约之债,可见契约对资本主义社会的重要性。契约自治也是在形式上平等和自由的名义下实行的,并且是自

由和平等原则的逻辑结果。对于这个原则，马克思曾在《资本论》中予以深刻的批判。

随着100多年来法国政治、经济、社会情况的变化，该法典也经过100多次修改，以不断适应新的情况。其中较重要的有：1819年的法律废止了第726、912两条，从而使外国人在继承法上和法国人处于完全平等的地位；1854年的法律废止了第22～33条的民事死亡制和第2059～2070条的民事拘留制；1855年的登记法改进了关于抵押权的规定。1871年开始的第三共和国得到巩固以后，进行了范围广泛的法典改革运动。

这次运动主要针对婚姻法和亲属法，结果，关于结婚的形式要件和实质要件的修改，特别是放松了对于父母同意的要求，对当事人较为方便。离婚制度一度于1816年废除，1884年得到恢复，但基于夫妻共同同意的离婚到1945年才得到恢复。关于亲权的行使，发展了加以控制的制度，并且在1889、1910、1921年的《受虐待或遗弃的未成年人保护法》中规定，亲权在一定条件下可予以剥夺或限制。

由于战争的结果，1923年的法律曾对收养的规定做了重大修正，1966年的法律再次进行了修改。关于夫妻相互继承遗产的权利，由于1891、1917、1925年的法律补充规定了对配偶遗产的一部分享有用益权而有所扩大。

1965年的法律根本变更了在丈夫单独控制下的夫妻共同财产制。废除了奁产制，并且许可妻子在不经其夫同意下开立银行账户，并管理其个人财产。1970年的法律废除了丈夫是一家之长的原则。最后，1972

年的法律废除了婚生子女和非婚生子女的不平等地位。

该法典在不少资产阶级国家里有颇大的影响。首先,在1804年原属法国因而自该法典施行之日起即属于它的效力范围的一些国家中适用,比利时和卢森堡现在仍然把它作为自己的法典。该法典在法国的某些前殖民地中也仍在施行。例如,加拿大的魁北克省现行的民法典,部分以该法典为基础,部分以《巴黎习惯法》为基础。美国的路易斯安那州自1825年起采用了该法典,不过做了若干修改和补充。

其次,有些国家以该法典为蓝本制定本国的民法典。例如,1838年的《丹麦民法典》是依据该法典制定的,1940年的《希腊民法典》也是以该法典为范本的。最后,还有很多国家的民法典在编纂时或多或少地受到了该法典的影响,如1896年的《德国民法典》、1907年的《瑞士民法典》、1867年的《葡萄牙民法典》、1889年的《西班牙民法典》、1855年的《智利民法典》、1869年的《阿根廷民法典》、1916年的《巴西民法典》等。

纪念伟大的皇帝——拿破仑

1815年10月,拿破仑被流放到大西洋的圣赫勒拿岛,他挑选了贝特朗、蒙托隆、拉斯加斯3位伯爵以及古尔戈将军随行。圣赫勒拿岛与非洲大陆隔海相望,拿破仑完全不可能逃出去,他也不打算逃出去,因为他已经在滑铁卢战役后彻底绝望了。拿破仑上岸后,暂时寄居在英国商人巴尔科姆家中,后来他又有一个龙坞德庄园,他就在这里居住,他开始潜心撰写回忆录,由他口述,拉斯加斯伯爵记录并整理。

1821年5月5日,拿破仑在岛上去世。5月8日,在礼炮

【名人名言】

1.在爱情的战场上,唯一获胜的秘诀是逃跑。

2.一个人应养成信赖自己的习惯,即使在最危急的时候,也要相信自己的勇敢与毅力。

3.在思考一次战役时,我在内心与自己辩论,力求驳倒自己;在制订战役方案时,我是最谨小慎微的人。我总是扩大危险和意外,即使看来高兴,其实我始终极度紧张和激动。

声中,这位征服者被葬在圣赫勒拿岛上的托贝特山泉旁。直至今日,拿破仑的死因还是众说纷纭。大不列颠及北爱尔兰联合王国医生的验尸报告显示,他是死于严重胃溃烂;但新的研究认为拿破仑死于砷中毒,而且从当年贵族爱用的墙纸上,历史学家世发现含有砷的矿物,估计是因为环境潮湿而让砷在环境中渗透出来。也有一说是蒙托隆伯爵因为受到英国人的贿赂,以及急于继承拿破仑留给他的一部分遗产,而在给拿破仑的葡萄酒中长期投放砒霜,致使拿破仑慢性中毒。

他去世后9年,新的奥尔良王朝在人民的压力之下,将拿破仑的塑像重新竖立在旺多姆圆柱上。1840年,法国七月王朝的国王路易·菲利浦派其儿子将拿破仑的遗骸接回。该年12月15日,拿破仑的灵柩被运回巴黎,在经过凯旋门后安葬到塞纳河畔的老残军人退休院(即荣誉军人院)。

著名的法兰西共和国将军和皇帝拿破仑一世,于1769年出生在科西嘉的阿雅克修,他的原名叫拿破仑·布宛纳巴,1796年才改为"波拿巴"。法国只是在他出生前15个月左右才获取科西嘉。

拿破仑在雾月政变后任法兰西共和国第一执政,虽然名义上是三人执政,实际上拿破仑进行了长期的军事专政。拿破仑积极鼓励工商业发展,1800年他创办了法兰西银行。他还立法确保农民对小块土地的所有权。他藐视教皇代表的神权,1802年他与罗马教皇庇护七世签订了《政教协议》,确保宗教和平。

拿破仑竭力加强中央官僚集权,建立以自己为主席的参政院,他取消了地方自治选举制度,郡守、市长、县长均由中央政府任命,国民议会机关的权力被削弱,立法院、保民院和元老院都无权决定国家立

法,形同虚设。但是这些政策,虽然也可以表现拿破仑的野心,但是热爱自由的法国人却接受了,因为大革命后所谓的"自由"、"民主"不仅没有给他们安定,反而把法国弄得四分五裂,他们甚至在1804年投票决定拿破仑称帝,都以绝大多数票通过了这一决议。

拿破仑加强了报刊审查制度,对雅各宾派的激进要求、保王党分子的叛乱活动和工人的风潮一律加以镇压。然而拿破仑称帝后,他逐渐倾向于向封建势力妥协,他分封了新贵族,变相恢复了世袭制;他允许逃亡贵族回国,并发还未出售的田产;他的军队发动了一次次的侵略战争,欧洲大陆在1812年时除了俄罗斯外,大多数国家要么是法国的附庸国,要么被迫向他割地或与他结盟的国家。

拿破仑是个当之无愧的资产阶级革命家。他捍卫了法国大革命的果实,击败了外来侵略者,埋葬了旧的专制政权,然而他同时镇压了继续前进的资产阶级革命,武装入侵欧洲诸国,建立了新的专制政权,是历史上最有争议的人之一。

据说拿破仑时代为巩固法兰西共和国革命时期的成果,和确保法兰西共和国资产阶级的既得利益提供了时机。

因此在1815年法国君主制度最终复辟时,这些变化已经如此深入人心,恢复旧制度的社会秩序是根本不可能的。但是最重要的变化是发生在拿破仑之前,1799年拿破仑开始执政时要回到原来状态看来已经为时过晚了。

尽管拿破仑自己有建立君主制的野心,他还是为在全欧洲传播法国革命的理想起了作用。拿破仑对拉丁美洲的历史也有巨大的间接影响。他对西班牙的入侵削弱了西班牙政府的实力,使它在几年的时间里不能控

制它在拉丁美洲的殖民地。就是在
这个实际上的自治时期,拉丁美洲
的独立运动开始了。

拿破仑做了一笔交易,这件事
看来和他的主要意图无关,然而却
成为他一生中产生最持久最重大
的影响的事件之一,那就是1803年
拿破仑向美国出售了一片辽阔的
土地。他认识到要保卫法兰西共和
国在北美占据的土地不受大不列
颠及北爱尔兰联合王国掠夺,想必是非常困难,此外他资金缺乏。

路易斯安那契约也许是整个历史上一次规模最大的土地转让,使美
国成为一个接近占有一个洲的面积的国家。

如果没有路易斯安那契约,就很难预料美国将会是个什么样子,肯
定会与今日的美国迥然不同。的确,没有路易斯安那契约美国能否成为
一个强国都很难说。

拿破仑有着卓越的军事指挥才能,从土伦战役到滑铁卢战役的23年
间指挥了无数次战役,而且大多数都是胜仗。

虽然他的战争有侵略性的一面,激起被侵略国人民的反抗,但是也
打击了欧洲封建势力,而其指挥的多个战役,直到今天在军事史上依然
有重要意义。

但是他的征战打破了欧洲的权力
均衡,导致其他欧洲强权7次组成反法
同盟,最终彻底击败拿破仑。

在拿破仑战败后的维也纳会议上,
新的欧洲秩序与均衡被很快重新建立
起来。

同时,拿破仑为人颇为好学,是法

> **【拿破仑三角形】**
>
> 在任意一个三角形的3条
> 边上分别向外做出3个等边三
> 角形,则这3个等边三角形的
> 中心也构成一个等边三角形。
> 这个由3个等边三角形中心构
> 成的三角形称"外拿破仑三角
> 形"。

【拿破仑的影响】

作为一位政治家,拿破仑的影响也同样深远,于1804年颁布以他的名字为名的《拿破仑法典》(又叫《法国民法典》)是大陆法系的经典典范,也是1896年颁布的《德国民法典》的重要参考之一,其中所确立的关于民法和财产法制的基本原则,大致上后来大多数国家皆普遍模仿和遵循,倡导的自由、平等、博爱随着他的领土扩张迅速的传播开来;另一方面他又勇于挑战及破坏专制主义,可以说是近代的民主主义以及民族国家等理念的先驱者。

兰西科学院院士,他对数学很有兴趣,在数学方面他证明了"拿破仑三角形"。

除此之外,拿破仑也是最早提出欧罗巴合众国构想并试图通过武力来实现的人。

虽然他本人并未成功实现这个梦想,今天的欧洲正在朝向一体化的目标迈进。

拿破仑为法国带来了荣耀,法国人民始终爱戴这位法兰西战士(有趣的是,他在18岁以前始终认为法国不是他的祖国),1840年12月他的遗骸运抵巴黎后,90万巴黎市民冒着严寒迎接他。

而在多年后,拿破仑也赢得了对手的尊敬。1855年,英国维多利亚女王携王储(即后来的爱德华七世)到老残军人院,女王让王子"在伟大的拿破仑墓前下跪"。

第一,他是一个人,而不是神仙。历史,是人民群众的历史。每个历史时期的伟大人物,不管怎样高明,他却不是存在于悬念之中,而是生活在社会之中;他之所以比一般人伟大,除了他具有某方面的出众才华外,更因为他有比一般人更多的经验和权势,但不管怎样,他的立足点和同时代的人必然是一致的,是同在一个水准上的。每个时代的历史都不可能是某个英雄的历史。

拿破仑时代的历史也不是拿破仑个人的英雄史,不能把他神化。可是,100多年来,世界各国的史学家对他的评价,却有不少神化之处,如说他是"世纪的巨人"、"西方之皇"、"战争之神"、"命运的支配者"等等。

在吹捧的反面,却又是一片愤怒、厌恶和诟骂,如说他是"科西嘉岛的怪物"、"摧残自由的暴君"、"无耻小人"、"匪徒"等等。

第二,是时势造英雄,而不是英雄造时势。历史的规律表明,每当社会的大变革时期,都是英雄辈出的时代,它必然成就伟大的历史人物。拿破仑之所以伟大,是由震惊世界的法国大革命这一件大事所造就的。

正如恩格斯所指出的:"恰巧拿破仑这个科西嘉岛人做了被战争弄得精疲力竭的法兰西共和国所需要的军事独裁者,假如不曾有拿破仑这个人,那么他的角色是会由另一个人来扮演的。"因此,必须

把他放在法国大革命的历史中,才能更好地去认识他。

第三,要看主流,看主导方面,不能以某一片面代替整体。历史人物,特别是伟大的历史人物,其一生的经历是错综复杂的。因此,要看他在这个大的历史潮流中,是阻碍历史的潮流,还是顺应时代的潮流而动。

第四,拿破仑戎马一生,亲身指挥过的战役约60次,比历史上著名的军事统帅亚历山大、汉尼拔和恺撒指挥的战役总和还要多。约20年的拿破仑战争,前期主要是为了抵御外来侵略,后期也有反抗民族压迫的因素,但战争已具有明显的侵略性和掠夺别的民族及兼并别国领土的性质,给欧洲和法国人民带来了巨大的灾难。

总之,评价拿破仑应当把他放在法国大革命的历史中,综合地考察他的全部活动。这样,我们就会看到,拿破仑作为新兴资产阶级的军事家、政治家,他镇压了叛乱,粉碎了欧洲"反法联盟"的多次武装干涉,打乱了欧洲的封建秩序,促进了欧洲各国人民的觉醒,稳定了法国大革命的社会成果,这是他活动的主要方面,是他的主要功绩。

当然,一个伟大的历史人物不可能是完人,都有他的缺点、错误或

罪行。作为资产阶级的军事家、政治家的拿破仑更是如此。恩格斯曾经指出过:"拿破仑最大的错误在于:他娶奥国皇帝的女儿为妻,和旧的反革命王朝结成同盟。"同时指出拿破仑的主要错误在于"拜倒在正统主义原则之前"。

综观拿破仑一生的全部活动,其主导方面的活动,对当时社会和人类历史的发展是起过作用的,他功大于过,是个应当肯定的历史人物。

圣西尔军校小百科

拿破仑·波拿巴成为首席执政官以后,面对军队连年征战、优秀军官奇缺的局面,十分怀念自己早年的军校生涯,决心成立一所军官学校。

拿破仑在 1803 年 1 月 28 日签署法令,在枫丹白露成立帝国军事专科学校。1805 年 1 月 30 日,拿破仑将一面绣有"为打胜仗而受训"校训的锦旗授予学校。

1808 年 3 月 24 日,军校迁至巴黎西南郊凡尔赛宫附近的圣西尔。从此,圣西尔与军校便结下了不解之缘。

第二章　美丽的圣西尔军校

　　圣西尔军事专科学校与诸兵种军校和行政技术军校共同组成法国陆军初级军校群,设在雷恩市郊外的科埃基当。3所军校因学员来源和培训方向不同而互有区别,但军事训练和教学课目基本一致。

第一课 "将军苗圃"的发源地

伟人所达到并保持着的高处,并不是一飞就到的,而是他们在同伴们都睡着的时候,一步步艰辛地向上攀爬的。

赏心悦目的布列塔尼地区

举世闻名的法国最高级军事学院——法国圣西尔军校。位于法国布列塔尼地区的中心,在方圆20英里、松林环绕的校园内,一幢幢漂亮的现代建筑和灰色花岗岩造就的老式房星参差错落,一畦畦精心培育的花园绿地点缀在建筑物之间,看上去十分赏心悦目。

布列塔尼地区是法国西部的一个地区。布列塔尼族来源颇为复杂。有一部分人是原始高卢族的后裔,另一部分是英国南部的威尔士族的后裔。由于英格兰族入侵他们往南迁徙,越过英吉利海峡,到达布列塔尼定居。由英国移居过去布列塔尼的民族,他们本身的语言和当地民族的语言很相近,经过了漫长的岁月的融合,成为现代的布列塔尼族。

历史

一直到15世纪,布列塔尼是完全独立的公国,处于法国和英国两个大国的影响下。

在1499年,布列塔尼安娜女公爵嫁给法国国王路易十二世,从此以后布列塔尼失去了自治权。

在1532年,布列塔尼公国正式成为法国的一部分。

在1790年法国大革命的时候,布列塔尼公国被划分成五个省,按照当时的行政体制,省是最大的行政单位。法国政府把布列塔尼分成几个省,而不承认这几个省之间在历史上和文化上的联系,等于否定了布列塔尼这个地区的存在。

行政区域

在1956年,法国政府建立一个新的行政单位:地区,每个地区由几个省组成。现在的布列塔尼地区由四个省组成:

莫尔比昂省、阿摩尔滨海省、非尼斯泰尔省、伊勒·维莱讷省 。

而大西洋卢瓦尔省被划入另外一个地区。很多布列塔尼人对此表示不满,认为该省应该归回布列塔尼。

布列塔尼也被分为Arvor (即:"滨海地区")和Argoat (即:"森林地区"),因为沿海地区的居民和大陆内地的居民在文化和生活方式等方面显示出许多不同之处。

在法国大革命之前,布列塔尼是按照主教的管辖区而划分的。

旅游胜地

若要在法国找一个地方色彩浓厚的地区, 位处法国西北的布列塔尼半岛无疑能雀屏中选。这个半岛隔著英吉利海峡与英国遥遥相对, 西元

1532年才成为法国的领土,时至今日依然可嗅得英格兰的气息。布列塔尼人的祖先是西元五、六世纪从英格兰渡海而来的塞尔特(Celts)人,至今仍穿著传统服饰及沿袭独特的习俗;当地的小酒馆或咖啡厅仍然可听到布列塔尼语(Breizh),这种语言与英国的爱尔兰和威尔斯语很接近。因历史与地形之故,历来与英国纠缠不清。异于法国而独塑风格的布列塔尼深受法国人喜爱,粗犷壮伟的花岗岩岸、平坦洁净的沙滩、安详纯朴的小镇、风味绝佳的海鲜美食、塞尔特人的生活方式与形态;加上地缘之便,近巴黎及英国,吸引了络绎不绝的游客,有心一睹布列塔尼的风采,把自己投注于孤寂而荒凉的原野上,是领略布列塔尼的最佳途径。明显而极具特色的生活式,时至今日我们犹然仍可在庆典上见到穿戴蕾丝帽饰的女人及一身黑夹克、长裤、宽边黑帽的男人,永不褪流行。五月至九月有许多的传统节日,于此时造访更能目睹居民穿著传统服饰庆祝,参与他们的庆典,沉浸于布列塔尼的气息中。

　　雷恩斯(Rennes)布列塔尼的首府,也是进入布列塔尼半岛的门户,整个城市充满了英国风味及杜铎王朝风格的建筑。西元1720年惨遭祝融肆虐,中世纪街道面貌尽失,但仅存的建筑仍值得一看。如今是个尖端科技的工业城,同时也是大学城,充满现代感,但并不掩饰昔日曾有的风采。玛丽广场（Place de Mairie）、圣安妮广场海中城堡Mt. St. Mechel（Place Ste. Anne）、旧会议厅、艺术博物馆（Musee des Beaux Arts）及布列塔尼博物馆（Musee de Bretagne）都是好去处,博物馆内的展示能

使游客更深入了解布列塔尼的历史与传统,颇值得一看。

遍布布列塔尼各地的,是用天然石块搭建起来的纪念建筑——史前巨石,常见的形式有巨石柱、石冢、石棚、石廊,其功能很可能是为了举行葬礼仪式和显示部族的威望。这些公元前5000年的原始建筑往往分布在高地上,体积庞大,很远就可以看到。它们被看作每个村庄守护神的象征,并起着划分领地的作用。这些巨石的排列似乎与春分、秋分、夏至、冬至的太阳方位有关系,但就此断言它们是根据天文学或星相学建造的似乎还缺乏足够的依据。我们可以推测的是,在农业社会中,生活中的各种仪式使得人们的劳作张弛有序,这种情况在法国一直持续到20世纪50年代。

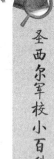

圣西尔军校小百科

玫瑰海岸

从布雷斯特(Brest)到雷恩两城之间的粉红色海岸,位于布列塔尼北部,被称为玫瑰海岸(Côte de Granit Rose)。如此浪漫的名称,并非出自想象,而是在这一带可以看到许多玫瑰红色花岗岩散落在海岸,奇形怪状的石头形成了极为特殊的景观。

走在这些美丽的岩石上,仔细观赏,就会发现原来这些石头并非在阳光照射下才显示浪漫的玫瑰色,而是石头本身就透着淡淡的粉红色,而且还散布着点点的光芒。

第二课　独特的风格与传统

如果你希望成功，以恒心为良友，以经验为参谋，以小心为兄弟，以希望为哨兵。

圣西尔军校创办至今已有两个多世纪的历史。它经历了由王朝到帝国又到共和国的风风雨雨，并形成了许多自己特有的风格与传统。

拿破仑于1805年亲自为圣西尔军校题写了"为打胜仗而受训"的校训，它时刻提醒学员们不要忘了自己肩负的使命与责任。

拿破仑亲授的校旗。圣西尔军校校旗以法兰西蓝、白、红三色国旗为底，一面绣有"荣誉与祖国"，另一面绣着校训训词"为打胜仗而受训"。第一面校旗是拿破仑亲授的。

含泪谱写的怀念往日殊荣的校歌。圣西尔军校的校歌音译为"加莱特"，法文原意是一种饼式点心，引申义为一种盘形线圈，后来专指圣西尔军校学员大礼服上的肩章。

相传19世纪初，只有最优秀的圣西尔军校学员才有资格在军礼服上佩带这种猩红色带流苏穗的肩章，用以表彰他们的出色表现与勇敢。1843年，路易·菲利普国王为广取人才，决定所有学员都必须佩带这种"加莱特"。

不料,此举严重刺伤了优等生们的自尊心。于是,他们含泪谱写一首怀念往日殊荣的歌,并在当年毕业庆典上唱了出来:"高贵的加莱特,你的名字永垂青史……"从此,这首歌便成了圣西尔军校的校歌。

与众不同的校服。圣西尔军校的校服最早定型于1852年。它与其他军校的校服不同,头上是一顶配有红白羽饰的圆筒帽;校服上身为深蓝色立领制服,肩章为猩红色毛线纺织物,带流苏穗,配一条皮腰带;下身是红色带天蓝色条饰的裤子。

帽子上的羽毛饰物颇有一番来历:据说,1855年8月24日,英国维多利亚女王来访,拿破仑三世为了表示敬意,他让参加受阅的圣西尔军校仪仗队在圆筒军帽上插上代表英国王室的红白两色羽毛。

法国人把这种羽饰又称作"鹤鸵羽饰",因为相传在英国女王抵达巴黎之前不久,人们在巴黎动物园发现这种长着红白羽毛叫鹤鸵的鸟。圣西尔军校的学员只有在重大节日或学校庆典时才着校服,平时着陆军军官常服。

别具一格的校庆。圣西尔军校每年都要举行庆祝活动,其中最主要、最著名的是命名、传帽与授佩刀仪式。

从1803年开始,圣西尔军校一直以法国历史上的某个著名人物或法军的某次重大战役的名字授予一届学员,以纪念先辈,缅怀他们的英雄业绩。

传帽,则表示传统的继续。授佩刀则是从古代授予骑士佩剑的传统而演变来的。命名、传帽与授刀仪式一般在学员结束第一年军训、升第二学年时举行。

第二学年开学后的一个明月当空的夜晚,全体学员集合在操场。首先,由校长宣布为本届学员选定的命名,讲解其意义。

然后,校长发出口号:"男子汉们,蹲下!"新学员们听到口令后,右腿单膝跪地,左手轻抚刀鞘,右手自然下垂,先由老学员传授带"鹤鸵羽饰"的圆筒帽。

最后举行授佩刀仪式,由新学员自选的"教父"面对新学员站好,将佩刀轻压其左肩之上,新学员接过佩刀。这时,校长发出"军官们,起立!"的口号,学员们起立,行持刀礼。校庆活动结束。

圣西尔军校小百科

近几年,每年投考圣西尔军校的学生近千人,而学校仅招收新生 180 名左右,录取率不足 20％,竞争相当激烈。考生的入学考试十分严格,分笔试、口试和体育测试三部分。圣西尔军校还招收一定数量的外国军事留学生。过去,该校的外籍学员主要来自非洲国家,近几年随着国际形势的发展变化,还招收俄罗斯等独联体国家和中东国家的军事留学生。

第三课　圣西尔军校名人榜——朱安

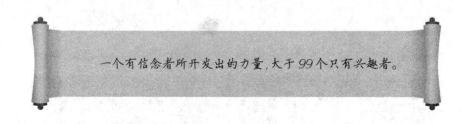

一个有信念者所开发出的力量,大于99个只有兴趣者。

朱安的军旅生涯

1909年,朱安考进法国著名的圣西尔军校,其入考成绩在400名考生中名列第七。1912年6月,朱安离开圣西尔,被分配到阿尔及利亚第1步兵团任职。此时该团正在摩洛哥执行作战任务,刚到职的朱安在这里初次接受了战火的洗礼。

1914年,第一次世界大战爆发后,朱安于同年8月被调到法国本土,任中尉排长。9月5日,朱安所在旅开往前线。战斗中,朱安率部不怕牺牲,英勇作战。16日,朱安被一块弹片击伤左手,为此,朱安得到荣誉军功章。1915年5月,朱安在战斗中又伤及右臂,这次较上次厉害,不得已而住进波尔多医院。

1919年10月,朱安再次到高等参谋学院学习,1921年拿到毕业证书后,先后到突尼斯和摩洛哥的部队中任职。1925年,在法军镇压克里姆领导的摩洛哥里夫人民起义中,当地法军指挥官诺盖将军任命朱安为他的参谋长。

1927年，朱安重新回到曾服役过的阿尔及尔步兵团任营长。1932年7月，晋升为中校。1933年10月，朱安被选调到法国高等军事学院担任战术教官。1935年至1937年，朱安又到阿尔及利亚，领导君士坦丁的朱阿夫第3步兵团。1937年3月10日，北非战区司令诺盖将军又把朱安调到身边，任参谋长。1938年12月26日，朱安晋升为准将。

【人物简介】

阿尔方斯·朱安（1888－1967），法国元帅。1888年12月16日出生在阿尔及利亚东北部波尼（今安纳巴）附近的祖父家里。1942年11月至1943年5月，朱安率法国特遣部队与盟军一起参加突尼斯战役，并赢得了胜利。1942年12月25日，朱安晋升为上将。1947年至1951年，朱安任法属摩洛哥总督。1950年12月，根据北约欧洲盟军最高司令艾森豪威尔的提议，朱安出任中欧盟军司令，任期为5年。1952年5月7日，朱安晋升为法国元帅。1967年1月27日，朱安不幸病故，享年79岁。2月1日，法国为这位"一生献给祖国"的著名战士举行隆重的国葬。

第二次世界大战全面爆发后，法国宣布与德国处于战争状态。为加强法国东北部的防御，朱安遂于1939年12月4日被调回法国本土，出任法国第1军第15摩托化步兵师师长。

1940年5月10日，德军入侵卢、比、荷、法四国，朱安奉命率部到比利时的让布卢，抗击德军的进攻。当德军突破色当防线后，朱安率部撤到法国的瓦朗谢纳附近地域，担任掩护英法联军撤往敦刻尔克的作战任务。

不久，朱安的部队又撤至里尔南郊，在此被德军包围。5月30日，朱安了德军的俘虏。朱安的部队虽被德军打败，但他们的英勇作战行动还是为法国人所称道，他的部队荣获"战斗功臣"殊荣，朱安本人于1941年2月被提升为少将。

关押在德国柯尼希施泰因监狱。1941年6月，经魏刚将军以法国北非政府总代表的身份与德国人斡旋，朱安被德军释放。

1941年11月20日，朱安晋升为中将，不久受命接替魏刚的工作，担任法国驻北非陆军总司令。接任此职后，朱安扩充兵员，隐藏装备，"训练非洲军队，以用来参加未来反对轴心国的作战"。

在朱安的努力下,截至1942年11月,法国在非洲的部队有5个机动师(其中阿尔及利亚有3个师,摩洛哥有两个师)和1个轻型机械化旅,共20万人。这些部队装备齐全,并在突尼斯山区设有秘密的后勤基地,战场准备也搞得不错。

　　1942年11月8日夜间,英美盟军执行火炬行动计划,在北非登陆。正式登陆前,盟军司令部就在直布罗陀与亨利·吉罗将军商妥,希望通过这位从德国柯尼希施泰因监狱逃出来(美国从中做了一些努力)的法国将军对北非法军施加影响,确保不发生抗击"一切来犯之敌"的战斗。

　　对此,朱安一无所知,这样就出现了北非法军与盟军登陆部队交战的场面。后来经过疏通关系,朱安很快就明白过来,遂命令自己的部队停火。1942年11月至1943年5月,朱安率法国特遣部队与盟军一起参加突尼斯战役,并赢得了胜利。1942年12月25日,朱安晋升为上将。

　　1943年6月,盟军司令部决定在地中海开辟新的战场,登陆西西里岛,把战火烧到意大利。8月,朱安奉戴高乐将军之命负责组建法国登陆部队(1944年1月正式称为法国远征军),准备与盟军一道登陆意大利。

　　9月29日,朱安作为法国登陆部队总司令率部到达索伦托,被编入美国第5集团军。11月25日,朱安率部攻到那不勒斯(今那波利),并于1944年1月至5月参加了进攻"古斯塔夫防线"的著名战役。其间,盟军曾多次试图突破德军防线,挺进到波河河谷,把德军赶到罗马以北，但均被德国元帅阿尔贝特·凯塞林挫败，整个意大利战场在"古斯塔夫防线"前一度出现僵持局面。

而作为法国远征军总司令的朱安，曾数次向盟军司令部提出自己的作战方案，均未被采纳。但朱安并不因此而气馁，放弃自己的正确主张。朱安抱着洗刷法军在1940年6月被打败的耻辱、为法国争光的信念，再次进言盟军司令部，声称："我再也不能随便受领一项既有缺陷而又要做得出色的计划。"

后来，朱安终于成功地说服美国第5集团军司令马克·韦恩·克拉克接受他的山地机动作战的主张。自5月13日起，朱安率部按照自己的计划实施山地穿插迂回，从而达成战术上的突然性，为盟军最终打破"古斯塔夫防线"的对峙僵局，为扫清通往罗马的道路，做出了一定的贡献。

这一仗也可以说是自法军被战败后首次挽回面子、扭转盟军对法国的看法的关键性一役。1944年6月6日，盟军在诺曼底登陆开辟第二战场以后，法国国内面临的军事问题更加复杂。所以在7月底，夏尔·戴高乐将军免去朱安的法国远征军总司令职务，并于8月12日任命他为法国国防部总参谋长，全盘负责法军的工作。在这个重要岗位上，朱安充分发挥了自己的指挥才能，成绩斐然，这可以理解为朱安于1944年至1945年间多次荣获军功章的重要原因。

从此以后，朱安与戴高乐将军接触甚多。无论是在戴高乐任法国临时政府首脑时期，还是在戴高乐下野以后，朱安一直是戴高乐最难得的合作者。

突尼斯战役

1943年3月17日至5月13日，在第二次世界大战的北非战争中，英美法三国军队于实施的进攻战役。战役的目的是粉碎德意"非洲"集团军群，攻占突尼斯领土，从而把德军全部赶出北非。

> 【突尼斯战役】
>
> 突尼斯战役，是第二次世界大战中，盟军为消灭北非德意军队于1943年4至5月实施的进攻战役。

防守突尼斯的"非洲"集团军群（司令阿尼姆上将）辖德坦克第5集团军和意第1集团军，共17个师（德7、意10）和2个旅。其各兵团在以前的战斗中，兵员和技术装备损失惨重。由于英美空军完全掌握了制空权和英美海军完全控制了地中海，德意军队在补给和补充人员方面困难重重。

该集团军群仅得到少量飞机的支援。意大利海军16艘驱逐舰和21艘潜水艇，以及德国22艘潜水艇前来支援。德意军队占据"马雷特"筑垒线既役阵地，固守非洲的最后一个登陆场。

英国亚历山大上将指挥的第18集团军群，下辖英第1、第8集团军和美第2军，共18个师（英12、美4和法2）零2个旅，盟国空军作战飞机3241架和盟国地中海海军舰队（战列舰3艘、巡洋舰8艘、驱逐舰40艘、扫雷舰23艘、14个小型战斗舰艇区舰队）。

盟国远征军总司令美国艾森豪威尔上将任战役总指挥。与德军对比盟军居优势：步兵多1倍、火炮多2倍、坦克多3倍。仅德国潜艇对盟军稍有威胁。突尼斯战役的企图

是：英第8集团军在滨海方向上沿马雷特—加贝斯公路实施主要突击，并协同美第2军，歼灭意第1集团军的基本兵力；尔后全部盟军向突尼斯市发动进攻。

美第2军向米克纳西和加贝斯湾方向实施辅

助突击，插向意第1集团军后方并断其退路。德国和意大利军队在斯大林格勒城下被歼和苏军在几乎整个苏德战场展开冬季攻势所形成的军事政治总形势，以及盟国在兵力上所占之巨大优势，为迅速歼灭突尼斯之敌和结束整个北非战局创造了极为有利的条件。然而，美英统治集团并未为此做出足够的努力。

苏联政府提醒他们对北非军事行动结束日期的屡次更改应加以注意。北非军事行动的拖延导致了德军预备队继续毫无阻碍地从西方向苏德战场调遣。

德意非洲集团军群（司令为J.阿尼姆大将，辖德第5装甲集团军、意第1集团军共13个师，130辆坦克、500门火炮、500架飞机）企图依托朗斯托普峰和609高地等突尼斯沿海复杂地形，阻滞盟军进攻。

盟军第18集团军群（司令为H.亚历山大上将，辖英第1、第8集团军和美第2军共20个师，1200辆坦克、1500门火炮、3241架飞机）决心以右翼第8集团军向泰克鲁那和昂菲达维尔实施佯攻，左翼美第2军向比塞大和马特尔方向实施助攻，中路英第1集团军向首府突尼斯实施主攻。战役发起前，盟军海空军已完全封锁突尼斯与意大利之间的海空运输线。

4月19日至20日，英第8集团军发起进攻。22日，英第1集团军和美第2军开始进攻，遭顽强抵抗，未能占领朗斯托普峰和609高地，仅美第2军左翼第9师有所进展。23日至26日，英军经反复争夺占领朗斯托普峰；美第2

军屡攻609高地不克。30日,盟军以2个师加强英第1集团军。同日,美军攻占609高地,第9师进抵海岸,威胁德意军侧后。

5月6日,盟军经炮火准备后再次发起攻击。德意军退至邦角(今提卜角),企图从海路撤出北非。7日,美第9师占领比塞大。英第1集团军占领首府突尼斯,其左翼于8日占领普罗维尔,与美军会合;其右翼于11日占领整个邦角半岛。德意军因盟国海空军严密封锁,未能撤往意大利。5月13日,阿尼姆率德意军余部投降。此役,盟军全歼北非残敌,俘25万人。北非战局至此结束。

经过突尼斯战役,德意"非洲"集团军群被歼。该集团军群在突尼斯损失30多万人,其中被俘约24万人,包括德军12.5万人(一说被俘德军10万人)。盟国攻占了地中海的整个北非沿岸,从而保障了地中海交通线的安全,并为进攻西西里岛和亚平宁半岛创造了有利条件。英美军队在突尼斯获得了实施大规模进攻战役突破敌预有准备防御的经验。使用空军重兵支援陆军的进攻的战术也引起了人们的注意。

圣西尔军校小百科

圣西尔军事专科学校为陆军各兵种培养合格的初级指挥军官,要求学员在德、智、体各方面得到全面发展。圣西尔的学员应具有为人师表的自豪感和为国家效劳的自觉意识,其广博的知识和健壮的体魄可以适应各种环境,有效地管理和指挥部队。同时,学员们还应有扎实的基础知识和工作能力,为今后担负国家赋予的较高级责任做好准备。总之,圣西尔培养出来的毕业生不仅具备优良的军人素质,还掌握高等教育的渊博知识,是有理想、有个性、有文化、开放、有服务意识、懂教育、善管理、有爱心、出类拔萃的国家栋梁。

第四课　圣西尔军校学员情况

即使爬到最高的山上，一次也只能脚踏实地地迈一步。

　　圣西尔军校属于法国国家重点高等院校，是专门为法国陆军各兵种培养初级指挥员的学校。目前，圣西尔军校共有教职员工900人，学员2 000人，另有士兵800人。该校下设参谋部、军训部、教研部和学员部。军训部设有战术研究、体育训练等专业教研室，负责学员的专业军事训练；教研部设有人文科学、自然科学、经济学和语言学教研室及教学保障机构，负责学员的文化学习和教学保障。

　　学员按年级编成3个学员营，营以下又分为若干队。招生对象是17～22岁的法国男女青年。理工科和文科考生在通过国家高中统一会考后，必须再经过两年大学预科的学习或圣西尔专科预备学校的学习。

　　经济科的考生则必须已经在大学完成2年基础课的学习；而学校每年还将招生名额的15%留给已经完成高等教育第二阶段课程并已考入高等工程学院的在校大学生。由此可见，圣西尔军校的考生均已经达到国家普通高等教育水平，学员的入学起点相当高，招生条件非常严格。

考生的入学考试十分严格,分笔试、口试和体育测试三部分。近几年,每年投考圣西尔军校的学生近千人,而学校仅招收新生180名左右,录取率不足20%,竞争相当激烈。

圣西尔军校还招收一定数量的外国军事留学生。过去,该校的外籍学员主要来自非洲国家,近几年随着国际形势的发展变化,还招收俄罗斯等独联体国家和中东国家的军事留学生。

圣西尔军校过去的学制为2年。1983年始,学制改为3年,主要加强军事训练。第一年,以军事训练为主,主要培养学员的军人养成,并使其初步具备军事指挥员的基本知识和体能。训练分为三个阶段。

第一阶段为1个月的单兵基础训练;第二阶段4个月,与其他军校地方新学员一起,在科埃基当军营进行分队训练,学习战术,即培养排长的训练;第三阶段5个月,到部队担任见习排长,学会指挥、训练新兵。

然后是1个月的文化知识学习,最后到位于蒙-路易-科利尤尔的国家训练中心进行1个月的短训。第一学年结束时,经考试合格才被授予准尉军衔,不合格者按普遍义务兵待遇退出现役,并发给国家普通高等教育第一阶段合格证书。

第二年,主要进行文化教育和军事训练。文化课30周,学员按入校的志愿分别学习文、理、经济各科的专业课程,同时必修1～2门外语。军事训练10周,前4周到国家突击队训练中心集训,然后学习陆军连、排战术和作战指挥,学会跳伞。

参加与外军军校共同举行的军事演习,并组织到国外进行一次考察访问。第二年的考试合格者被授予少尉军衔。

第三年,主要是完善和深化各科知识。教学的重点是培养学员的主动

性、责任感和作为军事指挥员的领导意识和领导能力。文化知识学习时间
为30周,军事训练6周。

组织他们到陆军各兵种部队实习锻炼,到海空军、宪兵部队和统帅机
关见学,学习诸军兵种协同作战理论,到法属圭亚那进行为期15天的热带
丛林锻炼,还要准备参加国庆节阅兵式。

根据法国传统,每年7月14日国庆节,都要在巴黎香榭丽舍大街举行
盛大阅兵式和分列式。届时,共和国总统兼武装力量最高司令在共和国卫
队骑兵护卫下,检阅三军部队,之后登上观礼台观看分列式。走在受阅部
队最前面的永远是圣西尔军校的方队。

学校每年都要举行隆重的毕业典礼,向毕业生颁发毕业证书和学士
学位证书,同时授予中尉军衔。学员从圣西尔军校毕业后还要到兵种实习
学校再学习1年专业,然后分配到部队任职。

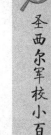

圣西尔军校小百科

　　　军衔是用缀在肩章或领章等处的等级符号,标明军人社会
地位和军事级别的称号。军人的这种等级称号,被称作"军衔"。
军衔在 15 世纪— 16 世纪产生于西欧一些国家, 所以习惯上
称为西欧式军衔。

第五课　圣西尔军校名人榜——戴高乐

　　　　一个能从别人的观念来看事情，能了解别人心灵活动的人，永远不必为自己的前途担心。

　　夏尔·安德烈·约瑟夫·马里·戴高乐（法文：Charles André Joseph Marie de Gaulle，1890年11月22日至1970年11月9日）曾参加过第一次世界大战并在二战中被授予准将军衔，担任国防部副部长。1940年法国战败后，戴高乐在英国组织了自由法国运动并发表了著名的电台讲话，号召法国人民抵抗纳粹德国的侵略，这一讲话在历史上标志着法国抗击纳粹侵略的开始。

　　1944年法国解放后，戴高乐成为法兰西共和国临时政府主席直至1946年因政治斗争而辞去职务。1958年制定新宪法，成立法兰西第五共和国并当选第一任总统。

　　戴高乐1890年11月22日生于法国西北部边境城市里尔。父亲是耶稣会学校的教师，参加过1870年的普法战争，民族主义和爱国主义情绪非常强烈，对童年的戴高乐影响很大。戴高乐身材高大，身高195cm。戴高乐生性好斗，向往成为一个军人。

　　1909年，戴高乐考入圣西尔军校。毕业后，来到驻阿腊斯的第33步兵团任少尉军官,受到团长贝当的青睐。他们的友谊保持了很长时间,直到第二次世界大战期间变得完全对立,双方都认为自己代表了法国。

第一次世界大战初期,戴高乐随他的团队参加了比利时境内的一次战斗,负了伤;以后他在战斗中又两次负伤。

1916年3月,戴高乐在法国东北部都奥蒙指挥一个连队作战时,中弹昏死在阵地上。贝当将军把他列入"阵亡"名单,追授一枚最高荣誉十字勋章,并且给予了这样的评语:"该员在激战中以身殉国,不愧为在各方面均无与伦比的军官。"等到戴高乐醒过来后,他成了德军的俘虏,直到1918年11月德国战败投降,他才重获自由。

战后,戴高乐应募去波兰同苏联红军作战。他在回巴黎度假期间结识了饼干制造商旺德鲁的女儿伊冯娜。

1921年4月他们结婚,后来生育了3个儿女。第三个孩子即将出生的时候,戴高乐夫人被汽车撞倒而受了惊吓,因此生下来的这个女儿是个白痴,取名安娜。

安娜享受不到一般儿童所能享受的幸福,这使戴高乐夫妇在她身上倾注了更多的爱。

戴高乐夫人在给朋友的信中写道:"只要安娜能跟别的女孩一样,我和夏尔甘愿舍弃一切,健康、财产、升迁、前程、所有的一切。"

1921年10月,戴高乐回国,先后在圣西尔军校当战争史讲师;在法国军事学院学习;在特列尔的猎兵第19营当营长;在东地中海地区参谋总部和国防部总秘书处任职。

1937年年底,他晋升上校,任坦克团团长。30年代,戴高乐发表了一系列军事理论著述,论述了在未来战争中大量使用坦克以及机械化部队与空军、步兵协同作战的必要性,竭力主张在法国组建有高度机动性的机械化部队。可惜这些战略思想没有被法国军事统帅机关所重视和采纳。

第二次世界大战爆发后,德国的机械化部队绕过马其诺防线,突袭法国西北部时,戴高乐才仓促受命组建一个装甲师,并被提升为准将,但为时已晚,法军一溃千里。

1940年6月5日,总理雷诺改组政府,任命戴高乐为国防和陆军部次长。

这时,副总理贝当和总司令魏刚等投降派在政府中占了上风,当德军逼近巴黎时,他们不组织抵抗,宣布巴黎为"不设防城市",拱手将巴黎让给了敌人。随后,雷诺政府垮台,贝当出任总理,向德国宣布无条件投降,法军全部解除武装并交出武器。

法国北部由德国直接占领,南部由贝当傀儡政府管辖,首都设在维希,史称维希法国。法兰西第三共和国到此结束。

身为国防和陆军部次长的戴高乐,坚决主张把法国政府迁往法属北非,同法西斯德国血战到底。就在法国政府中的投降派酝酿向入侵者无条件投降时,戴高乐出使英国,谋求英、法联合抗击法西斯德国。等他返回法国时,投降的局面已不可挽回了,于是他下决心到英国去领导法国的抵抗运动。

6月17日,戴高乐送英国的斯皮尔斯将军回伦敦。到机场后,就在飞机起飞之际,他突然随飞机开始奔跑。那时飞机也小,戴高乐身高腿长,几步就追上了。斯皮尔斯将军恍然大悟，迅速用手抓住戴高乐的胳膊。飞机腾空而起，而戴高乐的腿还在空中乱蹬呢。在场的其他法国官员惊得目瞪口呆。

当天晚上传来消息，贝当已经向德国入侵者求降。第二天下午6时，戴高乐在英国广播公司的播音室对法国发表广播演说："我是戴高乐，我现在在伦敦。我向目前正在英国领土上和将来可能来到英国领土上的持有武器或没有武器的法国官兵发出号召，向目前正在英国领土上和将来可能来到英国领土上的一切军人工厂的工程师和技术工人发出号召，请你们和我取得联系。无论发生什么情况，法兰西抵抗的火焰决不应该熄灭，也决不会熄灭。"

这是一个伟大的历史性时刻，它标志着由戴高乐领导的反对法西斯侵略和维护民族独立的"自由法国"运动开始了。这时，戴高乐还对留在法国的魏刚将军抱有一线希望，写信希望他离开法国本土，领导抵抗运动，可是魏刚甘当傀儡政府的"国防部长"，并且以军事法庭的名义缺席宣判戴高乐死刑。

戴高乐义无反顾地举起了抵抗的旗帜，着手把流落在国外的散兵游勇集合并组织起来，建立起一支7000人的武装部队，并开始引起国际的重视。

1943年他把自由法国总部从伦敦迁到阿尔及尔，就任法国民族解放委员会主席。法国共产党领导的游击队和其他抵抗力量统一为"法国内地军"，拥有50万战士，在国内开展了艰苦卓绝的反侵略斗争。戴高乐设法和国内的"法国内地军"取得联系，并且千方百计地把最高领导权掌握在自己手里。

在整个战争期间，戴高乐念念不忘的是法国作为一个大国的历史地位，力图使法国在战后作为一个殖民大国继续存在。

再加上他那十分固执而倔强的性格,他和英国首相丘吉尔的关系经常处于紧张状态,和美国总统罗斯福的关系可说是相当糟糕。因此,他被排斥在1945年2月雅尔塔三强会议之外,而这次会议却处理着诸如战后欧洲状况等与法国有重大利害关系的问题。戴高乐想方设法取得了出席批准德国投降仪式的代表权,并使法国在德国获得了一块占领区。

可是7月举行波茨坦三巨头会议,戴高乐又被排斥在外,这使他在战后一系列重大国际问题上没有发言权,更没有人理睬他的旨在肢解德国的计划。

尽管如此,戴高乐为法国争得了联合国安理会常任理事国的资格,享有大国否决权。

1944年8月26日,戴高乐凯旋巴黎。当他来到凯旋门时,欢迎的人们挤满了星形广场和爱丽舍田园大街。他不时举起手臂向含泪欢呼的巴黎人民致意。

【重大事件】

1916年最后一次受伤后被俘,5次逃跑未遂;

1919年应募到波兰军队任职,次年被授予波军少校军衔;

1940年6月5日,总理雷诺改组政府,任命戴高乐为国防和陆军部次长。

戴高乐的政治生涯

1944年9月,他的政府迁回巴黎,他当选为临时政府总理,着手重建满目疮痍的祖国。

一年过去了,戴高乐深感"多党制"对法国是一场灾难,对3个政党组成的联合政府更为不满。

1946年1月,他突然辞职下野。他确信,此时的第四共和国很快就会垮台,法国人民将大声疾呼地召唤他重掌政权。这一估计大致不差,只是时间推迟到12年之后。

早在1937年,戴高乐夫妇在科龙贝买下一处屋产,因为那里绿树成荫,气候宜人,对他们的白痴女儿安娜的健康有好处。那年安娜已经10岁了,许多人建议他们把安娜送到一个专门疗养院去,可是戴高乐总说:

"安娜并非自己要求降生到人间来的，我们要想尽办法使她过得幸福一些。"只有在安娜面前，这位严峻刻板、目空一切的军官才会忘记自己的尊严。他一面跳舞，拍着大腿，一面唱着流行歌曲，还让安娜玩他的军帽。戴高乐下野以后，回到了科龙贝，这回可有时间和安娜玩耍了。他们夫妇还用写回忆录得到的版税设置了"安娜·戴高乐基金"，以便安娜在他们死后还活着时，能得到适当的照料。不幸的是，安娜在她20岁生日前夕患肺炎死了。戴高乐在她的墓前握着妻子的手说："唉，她现在和别人一样了……"

在野期间，戴高乐一面撰写回忆录，一面注视着法国政局的发展。他一直站在反对派地位，反对新宪法，指责新宪法条文将使法国重蹈第二共和国时代政治动荡的覆辙。

1947年他发起组织法国人民联盟，1951年成为正式政党，在议会中占有120个席位。由于不满议会党团，该党在1955年解体。戴高乐开始埋头撰写回忆录，先后出版了第一卷《召唤》、第二卷《团结》，在第三卷《拯救》出版时，他已经重新执政了。

法国第四共和国政府频频更迭，政局动荡，1958年5月法属阿尔及尔又爆发起义，军队开始干预政治，有引起内战的危险。戴高乐感到时势要求他再度出山。5月15日，长期沉默的戴高乐发表一个声明：12年来，法国面临种种问题，非政党体制所能解决，国家一直处在这种灾难状态中。上一次，国家在危急存亡的关头曾赋予我重任，领导全国救亡图存。今天，当

国家再次面临考验时,它一定知道我已经做好了接管共和国权力的准备。

6月1日,戴高乐就任总理,12月21日被选为法国总统,新宪法授予总统更多的权力,法国从此进入了第五共和国时期。

当时,法国军队陷入了阿尔及利亚战争的泥潭中,戴高乐决心甩掉这个包袱,允许阿尔及利亚独立。他采取全民表决的形式,让法国人民和阿尔及利亚人民决定是否赋予阿尔及利亚以自决权,结果70%以上的选民投了赞成票。这表明戴高乐的政策受到拥护。随后,戴高乐制服了驻阿尔及利亚的法军高级将领的叛乱,避免了法国的内战,和平地完成了法属非洲的非殖民化。

军队中的一些极端分子不能饶恕戴高乐这种"抛弃我们的阿尔及利亚兄弟"的"出卖行为",转入暴力和恐怖行动。后来至少发生了4起阴谋杀害戴高乐将军的事件,其中的两次已经付诸行动。一次是1961年9月8日晚上,当戴高乐乘车从巴黎返回科龙贝时,突然被一片火力网包围,幸好阴谋者埋设的90磅炸药没有爆炸,他的防弹车冲了过去。

另一次是1962年8月22日发生在戴高乐乘车前往库布莱镇军用机场的路上,路旁的两辆汽车卫兵突然射出数百发子弹,其中十几发子弹击中了戴高乐那辆坚固的雪铁龙防弹车,一颗子弹击破后窗,在离他头部几英寸的地方掠过。事后戴高乐回忆道:"令人难以置信的侥幸,我们谁都没有中弹,那就让戴高乐继续走自己的路,履行自己的职责吧。"

戴高乐连续当了两届(11年)总统。他把主要精力放在对外事务上。他一直反对美国对法国的控制,要求在北大西洋公约组织内与美英同享决策权。这一要求遭到美国拒绝后,他撤销了北约对法国空军和舰队的指挥权,进而退出北约。迫使美国撤出在法国的驻军和基地。戴高乐反对大国核垄断政策,法国于1960年3月自己制造原子弹获得成功,并逐渐发展成为一支不容忽视的独立的核遏制力量。

戴高乐充分利用法国的否决权,把英国排斥

【戴高乐著作】

1.《敌人内部的倾轧》(1924年):戴高乐第一部著作。2.《剑锋》(1932年);3.《未来的军队》(1934年):此部著作在法国未受重视,却受到敌国纳粹坦克部队将军的重视和研究,因此制定闪电战。4.《法国和她的军队》(1938年);5.《战争回忆录》(1947年):与丘吉尔的《第二次世界大战回忆录》并称为姐妹作。6.《希望回忆录》(1970年):戴高乐的遗著,预计写完3卷,但还未完成,戴高乐就因心脏病去世,仅完成第一卷与第二卷的头两章。

在欧洲经济共同体之外,以便把欧洲经济共同体作为他外交政策的工具,并发展成为一支独立的政治势力。戴高乐主张东西方"缓和与合作",出访苏联和东欧国家,开始与苏联和东欧国家进行贸易和文化交流。1964年1月,法国不顾美国和它的大多数盟国只承认台湾的国民党政府这一状况,宣布同中华人民共和国建立外交关系。戴高乐在记者招待会上表示:法国不得不考虑这样的事实,在亚洲,没有中国的参加,就不能办成任何大事。

与外交相比,戴高乐在内政方面的作为就颇为逊色了。在重新执政的最初几年,他通过发行公债的办法,缓和了通货膨胀,稳定了货币;减少行政费用开支,提高商业税,解除官方对商业的控制,使国民生产总值逐年上升,国家的黄金和美元储备增加。随后,戴高乐抛出了一个又一个计划,想使法国的经济强大起来,但都没有成功。

到1967年情况急剧恶化。失业增长率急剧上升,工厂关闭或开工不足,工人和职员纷纷举行示威和

罢工。1968年5月突然爆发了大规模的学生和工人运动,使戴高乐的威信急剧下降。翌年4月27日,戴高乐将地方区域改革方案和参议院改革方案交给公民投票表决,想以此获得选民的支持,结果使他大失所望,有52%的选民反对他的改革方案。戴高乐当即宣布下野,发表了一个简短的声明:"我将停止执行共和国总统的职务。这个决定自今日中午生效。"

79岁的戴高乐下野以后,拒绝享受离任总统的薪俸和住房,只带走了两个常年使用的书柜,还按新书柜付了款。他又回到了科龙贝家中写回忆录,把大部分时间都花在建立他这座最后的文字纪念碑上。所以说,戴高乐才是真正的功成不居。村民经常可以看到戴高乐在村边散步,默默地回首往事,看上去心情是那样的抑郁。

> **【戴高乐主义】**
>
> 戴高乐主义是20世纪50年代末至60年代末,法国总统戴高乐制定的法国独立自主外交政策的基本构想和指导原则。戴高乐主义就其本质而言可称为法兰西民族主义,它包括三方面思想:民族主义思想、集权主义思想和独立自主思想。戴高乐主义以谋求法国在国际政治中的独立自主和世界大国地位为政治目标。

戴高乐没能把回忆录写完,于1970年11月9日因心脏病猝然逝世。蓬皮杜总统于次日向法国人民发表广播讲话:戴高乐将军逝世了,法国失去了亲人。

1940年,戴高乐将军拯救了我们的荣誉。1944年,他领导我们走向解放和胜利。1958年,他把我们从内战的威胁中救了出来,他使今天的法国有了自己的制度、独立和国际地位……让我们向法国保证,我们决不辜负我们所得到的教诲,愿戴高乐将军永远活在全国人民的心中。

戴高乐主义

1958年开始,正是这样一个以戴高乐主义为指导思想的法国,使得所有在战时同戴高乐打过交道的盟国都忐忑不安。戴高乐领导下的法国认为,1958年的世界局势与战后北大西洋公约组织成立时已大不相同了。

第一,战后初期由于欧洲国家自身力量的削弱,整个西方都害怕苏联进一步向西欧扩张势力,而西欧国家单凭自己的力量不足以阻挡苏联可能的军事进攻。于是,美国在欧洲的存在和帮助就成为必要的依靠了,马歇尔计划和北大西洋公约是这种局势的必然产物。10年以后的今天,苏联进攻西欧的可能性已经不存在了。因为西方国家已经发展强大起来,苏联的共产主义在发展起来的西方社会已没有什么吸引力,更何况在他控制的地区麻烦已经不少。与其说苏联担心欧洲,不如说它更关注亚洲的中国。

第二,对国家安全起保证作用的手段也大不一样了。战后初期,只有美国拥有原子弹,所以欧洲盟国觉得北大西洋公约组织是个保障。可现在,苏联同样拥有摧毁对方的手段。根据两次世界大战美国迟迟不愿出兵欧洲的历史经验,不能设想美国会冒自己被摧毁的风险用核武器来保护欧洲。相反,美苏为了自己的利益,却完全可能在他们控制的地区使用核武器。

"既然保护作用令人怀疑,为什么还要把自己的命运托付给保护者呢?"第三,如果说战后初期西欧国家对美国的依赖是有益的话,它不可避免地造成了美国有权支配盟国,控制盟国的防务、政治甚至领土的结果,使西欧国家屈服于它。可是,现在西欧国家,特别是法国的"国际作用已经发生了某种变化",它要求独立自主,要求掌握威慑敌人的现代化军事手段来实现自己的安全。

正是在这种对客观局势分析的基础上,戴高乐为法国拟定了行动计划。他说道:因此我计划使法国脱离美国指挥下的北大西洋公约组织军事一体化机构,当然不是脱离仍可作为最后预防手段的大西洋联盟;同东方集团中的每个国家,首先是俄国,建立旨在缓和的关系,接着是谅解和合

作关系；一旦时机成熟，同中国也是如此；最后，要建立一支独立核力量，使任何国家都不可能在不受回击的情况下进攻我们。但是，这条道路我要一步一步地走下去，每个阶段都要与总的发展趋势相适应，还要注意不要伤及法国传统的友谊。

1958年9月17日，戴高乐以法国政府首脑的身份给艾森豪威尔总统和麦克米伦首相写了一份备忘录，正式以外交途径向美英两国阐述了法国

的立场。在这份9月24日发出的备忘录里，戴高乐明确要求改组北大西洋公约组织机构，建立一个由美英法三国组成的领导机构，而且法国政府认为这个机构是不可缺少的，否则法国将不参加任何发展北大西洋公约组织的工作，或者将依照这个公约的第12条，保留要求修改公约或者退出该组织的权利。在美英拒绝了法国的要求之后，戴高乐一步不让地按计划行事了。

1959年3月，法国宣布，法国地中海舰队不再受北约军事一体化机构指挥。6月，法国拒绝在自己的国土上储存美国核武器，美国被迫将驻法国的核轰炸机撤往英国和当时的联邦德国。1960年2月，法国试爆原子弹成功。5月，法国拒绝将空防系统纳入北约军事一体化。1961年5月肯尼迪访法期间，提出将美国配备"北极星"导弹的核潜艇调派北约，以换取法国停止核试验，遭到拒绝。1963年1月，戴高乐在记者招待会上宣布，拒绝参加1962年年底美英"拿骚会谈"建议组建的北约"多边核力量"，认为把法国的军事手段并入受外国人指挥的多边核力量，与法国的防务政策原则背道而驰。

6月，法国宣布法国大西洋舰队在战时不再"自动"归北约指挥，并收回北约对法国飞机中队的指挥权。8月，法国同中国一起，抵制了美英苏三国部分禁止核试验条约。戴高乐认为，如果同意美苏永远垄断核武器，"将

使世界上又建立起新的霸权"。1964年至1965年,法国撤回了在北约海军司令部任职的军官,拒绝参加北约军事演习。1966年10月,法国宣布退出北约军事委员会,只留下一个联络使团。北约理事会及其机构和设施,在法国规定并不肯更改的期限内,从巴黎迁往布鲁塞尔。

【历史意义】

　　戴高乐主义的实施对于维护法国的主权和独立,提高法国国际地位,推动欧洲联合和世界多极化发展有积极作用。但限于实力对比,它不可能从根本上改变法国的国际地位。

　　法国在戴高乐主义的指导下针对北大西洋公约组织和核垄断发起的冲击,显而易见,主要是针对美国而来的。因为在戴高乐看来,由于美国的盟主地位以及它所奉行的霸权政策,法国在联盟中有一种压抑感。在现有的联盟内部关系下,法国要实现戴高乐主义的目标和理想,是不可能的。也就是说,美国的盟主地位、美国的霸道,已成了法国维护民族独立和国家主权、争取大国地位的主要障碍。法国只有冲破这种束缚,才有可能顺利推行戴高乐主义。

　　法国当时对苏联的政策,也从另一个方面反映出在上个世纪60年代,戴高乐主义反对霸权、要求独立自主于美国的愿望。

　　在戴高乐看来,苏联同美国一样都是霸权国家,认为这两个大国的实力、对立和争霸威胁着全世界。在戴高乐主义的所有经典中,都没有改变苏联是"共产主义的极权专制国家",它的本质是扩张的,是西方"自由世界"的共同敌人这个看法。也正是因为如此,法国只能归属于西方阵营,它始终是这个联盟中的一员。

在东西方对垒的关键时刻，比如1958年开始的柏林危机和1962年的古巴导弹危机，法国坚定地同盟国站在一起。但是形势毕竟发生了变化，苏联也在变化。在戴高乐眼里，从结构上看，东方阵营内部已经出现了不和甚至裂痕；从思想上讲，苏联也在寻求和平、避免战争。问题在于，世界和平、避免战争的结果不能靠美苏两个大国来实现，如果仅由它们来主宰世界，只会给世界带来更大的危险。每个国家都应当发挥自己的作用，特别是法国，更应该发挥"积极的作用"。

在对苏政策中，戴高乐主义最具有实质性意义的是，首先，任何涉及东西方关系的国际大事，法国决不让它成为只是美苏之间的问题，它应当也是法国的问题。要实现戴高乐主义的理想，就必须打破来自两个超级大国主宰世界事务的局面，而最直接的阻力来自美国，因此，同东方国家发展关系，不仅打破了这种一统局面，显示了法国的世界性作用，而且有可能从苏联获得直接或间接的支持，增强同美国闹独立的筹码；接着，法国要起世界大国的作用，首先要在欧洲站住脚跟，要在西欧起领导作用。

这就有必要在国际重大问题上特别是欧洲问题上先同苏联打交道，

寻求共同语言和合作可能。如果不改善同苏联的关系，欧洲问题不可能得到解决，法国也不可能在欧洲谋求自己的地位。法国完全可以单独地，而不是跟在美国的后面，推行同苏联和东欧国家的政策，即戴高乐提出的"缓和、谅解和合作"三原则。

正是这一开创性的政策，为后来联邦德国的"新东方政策"起了表率作用。在这一政策指导下，在法国与美国闹得最凶的1966年，戴高乐正式访问了苏联，在法苏关系史上掀起了一个小高潮。

苏联人当然乐意看到对手阵营里出现"窝里反",但在苏联人的眼里,绝不可能像戴高乐那样将戴高乐主义看得那么高,法国不可能取代美国的地位,苏联的主要对手只能是美国。1968年8月20日,以苏联为首的华沙条约国家军事入侵捷克斯洛伐克,无疑给戴高乐主义的"缓和、谅解和合作"政策注射了一支清醒剂,提醒他对苏合作是有限度的,在美苏对峙的两极格局下,意识形态和政治制度仍然是国际关系走向的决定因素。

不管人们如何评价戴高乐对待欧洲建设的态度,许多人都承认戴高乐有一个"欧洲观"。戴高乐的"欧洲观",是戴高乐为法国制定的对外政策思想和实践的重要组成部分,也就是戴高乐主义的一个重要组成部分。因此,对这个问题的认识和分析,也不能脱离维护民族独立和国家主权、争取法国的大国地位这个实质性主题。

第二次世界大战结束以后,以欧洲联合为核心的欧洲建设,在从未有过的声势推动下,成为欧洲各国政治家讨论和实践的政治运动。在这场运动中,围绕欧洲建设的道路问题,出现了联邦主义和邦联主义两大主张。联邦主义者认为,欧洲的不和与冲突,源出于民族国家这种传统组织形式引发的利益冲突。因此,应当逐渐放弃民族国家这种形式,建立一个凌驾于民族国家之上的一体化的超国家权力机构,以实现和保障和平与发展。凡是参加这种组织的欧洲国家,都要逐步地出让自己的主权。邦联主义者认为,民族国家是客观存在,各个国家有着自己的具体情况和特殊利益,这些情况和特殊利益不可能因为出让主权就不复存在。因此,他们认为欧洲建设的道路不是成立欧洲联邦,而是在主权国家之间进行

邦联式的联合。

早在1944年3月，戴高乐在阿尔及尔的协商会议上就谈过战后欧洲建设问题。他认为，为了实现战后欧洲大陆的均衡，有必要组建一些集团，"但不应当损害每个成员国的主权"，如果法国参加这样一个集团，他认为一定能够做出巨大贡献。在战后，戴高乐反对建设一体化和超国家式的欧洲联邦，主张建立一个坚持民族独立和国家主权的、邦联式的"各国的欧洲"。

在1958年重新执政之前，戴高乐就坚决反对"欧洲煤钢共同体"和"欧洲防务共同体"计划。他将这两个计划指责成"一堆碎煤烂钢"、"一个骗局"、"假象"。超国家机构在他眼里成了"怪物"、"机器人"。在他看来，凡属超国家的一体化机构，都是要法国放弃自己民族的特性，放弃国家的主权，并溶化在一个更大的集体中，这是与戴高乐主义的指导原则和实践绝对不相容的。

1958年重新执政后，戴高乐就不再是以一个在野的政治家身份，站在一边对超国家的一体化评头论足了，而是以一个执政者的身份行使权力，开始全面推行戴高乐主义的欧洲观了。当然，法国并不是反对欧洲建设。戴高乐主张的是建设一个欧洲邦联。最能代表戴高乐主义关于欧洲建设观点的，是1962年5月15日戴高乐在记者招待会上的一段讲话：

"尽管有人总认为我说过'各国的欧洲'，但我从来没有在任何声明中说过，可能你们会感到奇怪。当然，我可以肯定地说，我决不否认自己的看法。相反，我比任何时候都更坚持自己的看法。如果欧洲不包括法国人的法国，德国人的德国以及意大利人的意大利，我不相信这个欧洲还能有什么存在的现实性。

但丁、歌德和夏多布里昂是欧洲人，也正因为他们是杰出的意大利人、德国人和法国人。如果他们是无国籍者，如果他们的思维方法和写作，是用的某种统一的'世界语'，那他们对欧洲就不会有多大贡献。

所以说，祖国是一个有情感的名词，而建设欧洲是要以能行动、有权力、负责任的因素为基础的。具有这种因素的基础是什么呢？当然就是国家！因为只有国家在这方面才是有效的、合法的，而且有能力去实施欧洲建设。我已经说过，我还要重复，在当前，除了由各个国家组成的欧洲之外，没有，也不可能有别的欧洲。除此之外都是些神话、空想和空谈。"

戴高乐在欧洲建设中反对超国家的一体化的欧洲联邦，主张建立一个保持民族独立和国家主权的各国之间合作的欧洲邦联，是戴高乐主义维护民族独立和国家主权这个思想在欧洲观中的直接反映。一方面，戴高乐追求的是法国作为一个独立的民族国家要在世界上发挥伟大的作用，法兰西民族和国家在世界上应有大国的地位，它不能被封闭在一个超国家的欧洲联邦内。另一方面，戴高乐担忧的是，如果放弃主权，欧洲国家不可避免地会导致从属于这个机构之外的国家。毫无疑问，他担心的是美国。正是出于这种担心，戴高乐不仅坚决反对超国家的一体化，而且明确提出要建设一个"欧洲人的欧洲"。

所谓"欧洲人的欧洲"，其寓意异常清晰，就是要在欧洲建设中摆脱美国的控制和影响，使欧洲成为真正独立自主的欧洲。严格地说，美国并不反对欧洲建设，因为一个强大统一的欧洲毕竟是美国可依托的力量。当然，前提是欧洲建设的任

何一个步骤和目标都应该纳入以美国为领导的"大西洋体系"中。但这却是与戴高乐主义不相容的。早在1951年12月21日,戴高乐在记者招待会上就说过:美国人的政策有时表现得令人恼火,这些表现,有时会使人想到美国的压力可能是建设欧洲的重要因素。而实际上是,或者欧洲由自己建成,或者就根本建不成。

美国并不是欧洲的一部分,这在地图上是可以看到的。为了强调这一点,他还多次提到从大西洋到乌拉尔的欧洲,认为从地图上看,苏联乌拉尔以西都属欧洲,应该建立一个"包括苏联在内的整体欧洲。"其实,"从大西洋到乌拉尔的欧洲"这句话,戴高乐虽然说过不下几十次,但从来没有详细阐释过,就连苏联人也不知所以。保罗·雷诺批评戴高乐时说,尽管"斯大林和戴高乐之间的对话只是熊和羊羔的对话",但是"在这个欧洲内,他要摆脱美国和英国这两个比法国更发达和富裕的国家"。

这就是说,在戴高乐主义关于"欧洲人的欧洲"的主张里,不仅排斥美国,而且也排斥本该属于欧洲地理范畴、但却与美国有特殊关系的英国。对美英关系,戴高乐有自己的看法。他认为从丘吉尔开始,英国人"甘心追随美国人的政策"。这是在战争期间得出的结论。他不可能忘记

丘吉尔对他说过:"您要知道,当我必须在欧洲和海洋之间做出选择时,我总是选择海洋的。您还要知道,如果必须在您和罗斯福之间做出选择时,我总是选择罗斯福的。"战后,丘吉尔的"三环外交"政策,使英国"被大西洋彼岸的大陆吸引着越走越远"。英国仍然奉行一种不直接介入欧洲大

陆事务的政策。英国没有参加欧洲煤钢共同体和欧洲防务共同体的签约，英国不仅不参加罗马条约，还组织欧洲自由贸易区与欧洲共同体相抗。直到1961年7月，英国切身感到这样做得不偿失，才正式申请加入欧洲共同体。

在戴高乐眼里，英国是美国在欧洲的代言人，是想安插在欧洲共同体内的一个"钉子"，一匹"特洛伊木马"，他不能允许美国利用英国乘机插足欧洲。1963年和1967年，英国参加欧洲共同体的申请两次遭到法国的否决。

戴高乐主义中反对超国家的一体化的欧洲联邦，反对美国控制欧洲，主张欧洲人的欧洲，这种欧洲观中维护民族独立和国家主权的原则，其目的只有一个，就是要争取法国的大国地位。在戴高乐的对外政策思想和实践中，置身于欧洲建设，是法国争取大国地位的重要一环。因为只有首先在欧洲站住脚跟，在欧洲树立起法国的领导形象，才能谈及大国地位。试想，如果法国在欧洲都不能站在前列，它还能站在世界前列吗？

要想在欧洲起领导作用，既不能让美国插进来，也不能让英国插进来，只要牢牢制约住德国，剩下的一些国家就好办了。按照戴高乐的最初设想，战败后的德国应当被肢解成若干个小国，使它永远不可能成为邻国新的威胁。但是，美英的战后战略安排以及随之而来的冷战格局，使他不得不接受从"舒曼计划"开始的将德国纳入一个联合机构中并加

以控制的事实。1958年戴高乐重新执政后,他从戴高乐主义的维护民族独立和国家主权、争取法国大国地位这个总战略目标出发,充分认识到欧洲问题的重要性,以及法德关系在欧洲问题中的重要性。1963年1月22日,在戴高乐和阿登纳的几年努力下,法德两国在巴黎签订了法德合作条约。从此,人们所说的"法德轴心"开始运转。

戴高乐积极推动法德合作,并以此为欧洲建设的基础,其目的,是想通过合法的形式,凭借法国在政治、军事上的明显优势控制德国。戴高乐通过推进法德合作关系,使"法德轴心"成了欧洲共同体的决定力量,由于在这个轴心中重心偏向巴黎,所以法国在欧洲共同体中一直起到"带头"作用。

很显然,按照戴高乐主义的原则,戴高乐是将法国当作欧洲的领导来推进欧洲建设的。戴高乐认为,面对美苏在欧洲的争夺,欧洲国家必须联合起来。在他看来,法国可以充当欧洲共同体的领导。因为在六国共同体中,比、荷、卢都是小国,谈不上领导作用,意大利不仅实力和影响不够,而且还有二战劣迹,德国虽然经济实力雄厚,但是战败国地位使它不可能出面领导六国欧洲。更何况德国已"自愧不如",需依靠法国的政治地位,法国不领导欧洲,还有谁能领导?

法国是一个老牌殖民帝国主义国家。戴高乐也是一个老帝国派军人,他曾是法国殖民帝国利益的坚决维护者。从小,戴高乐就崇尚殖民战功。在少年时代,他就将法国殖民事业的成果看成是法兰西光荣伟大的一部分。他为法绍达投降感到悲痛。他甚至乔装打扮成殖民将军费德尔布的样子回家,说是"费德尔布将军来访"。他在圣西尔军校时的班级被命名为"菲斯班"。作为法国殖民军官,他到过开罗、巴格达、大马士革、耶路撒冷,而后得出的结论是"离开法国文明,殖民地人民无法生存"的顽固偏见。

第二次世界大战期间,戴高乐在维护法国的伟大和完整时,他脑子里装的是包括所有殖民地在内的法兰西帝国,他为这些殖民地不惜与英美唇枪舌剑直至动武。战后,1945年5月,戴高乐镇压了叙利亚和阿尔及利亚人民争取独立的民族起义。8月,他下令派出了印度支那殖民远征军,试图在印度支那重现法国的殖民统治,终于导致了长达9年之久的印度支那战争。对于1956年的苏伊士事件,他当时为自己无权做主遗憾不已,说要不然2小时内就可以让伞兵占领开罗。

如果按照戴高乐一贯的殖民主义思想,戴高乐主义中关于同第三世界国家关系部分,肯定只能是老殖民主义的翻版。但恰恰是戴高乐重新执政、有权做主这个时期,是世界民族独立运动空前高涨的时期。戴高乐是一个老帝国派军人,但他也是一个现实主义政治家。他不得不面对现实,在历史潮流面前,一步一步地退却,完成了他在法属殖民地的"非殖民化",为戴高乐主义这一重要组成部分,改写了新的内容。

1958年,在关于法兰西第五共和国宪法的讨论中,戴高乐不顾法兰西第四共和国时期"法兰西联邦"中殖民地国家普遍的独立要求,坚持在旧殖民体系的框架内确立关系,只允许殖民地国家在一个新的"法兰西共同体"中成为有限制的自治国家,而不是成为完全独立的主权国家。在进行通过新宪法公民投票前,戴高乐曾以取消所有援助警告坚决要求独立的几内亚,但是几内亚在杜尔领导下坚持独立。结果,除几内亚以外,12个法属非洲国家成为法兰西共同体成员。

新宪法规定,这些国家的外交、国防、财政经济和战略物资的控制权仍在法国政府掌握中。

【名人名言】
　　1. 伟人之所以伟大,是因为他们立意要成为伟人!
　　2. 到月亮上去不算太远;我们要走的最大距离还是在我们之间。
　　3. 没有核武器的国家不是大国。

法国给予这些国家一定程度的自治权，允许退出共同体，法国参议院分配给98个席位。而与此同时，正在浴血奋战争取独立的阿尔及利亚，仍被确定为法国的一个"省"，遭受着法国政府的残酷镇压。但是，微不足道的让步和改革，在战后强大的民族解放潮流中，已不能满足殖民地人民的独立要求，"几内亚效应"开始发挥作用。

1960年6月，塞内加尔和马里成为法兰西共同体内独立国家，此例一开，其他国家纷纷效仿，经过协商，戴高乐领导下的法兰西第五共和国宣布承认这些国家独立。这就是后来人们称谓的戴高乐的"非殖民化"。不过，这一"非殖民化"，直到1962年7月阿尔及利亚宣布独立以后，才算基本完成。

戴高乐在回忆当初做出这些决定的复杂心情时说道："在重新执掌法国的领导权时，我就做出决定，从今以后，要不惜任何代价把法国从过去的帝国义务中摆脱出来。

人们可以设想，我这样做，并不像有些人说的那样，是轻率决定的。像我这个年纪和像我所受过的教育的人，成为自己倡导的这项变革事业的主持人，这确实是残酷的。"他在颂扬了法国殖民历史之后，感叹道："对我来说，要在那些地方移交我们的权力，卷起我们的旗帜，合上这部伟大的历史，是一种多么痛苦的精神考验啊！"

戴高乐逸事

戴高乐夫人将要分娩，不幸遇到了车祸，当场昏死过去，经医生的抢救才转危为安。不久，女儿小安娜便诞生了，遗憾的是，由于夫人在治疗过程中服用大量的药物，致使小安娜生下来就是一个迟钝弱智的孩子。

面对这样的现实，戴高乐夫人没有一点厌烦的表示，她对丈夫说，宁可放弃自己所有的地位和金钱，也要让安娜享受一个正常孩子的欢乐。戴高乐十分同意妻子的说法，他激动地说："不是安娜自己要求到人间的，我们两个人的责任，就是让孩子获得真正的幸福。"

为了使安娜生活在一个更祥和、无人打扰的环境里，戴高乐夫妇购买了一处环境优美的住宅，使安娜既可以避开众人的目光，又可以安静地与父母在一起。

戴高乐身材魁梧、智力超群、身居高职，外表看上去十分威严，似乎令人难以接近，但对这个女儿却十分慈祥。

他对安娜的每一个要求尽量满足，从不拒绝。随着小安娜的逐渐长大，每天饭后，戴高乐总牵着女儿的手围着花园散步，还不时地为她讲故事、唱歌和表演哑剧。

小安娜虽然不能说话，但在高兴的时候，也会像别的小孩子一样，欢快地笑出声来，而爸爸是唯一能使她发笑的人。当安娜玩得疲倦时，她便伏在爸爸的怀里睡着了。戴高乐陪伴女儿的时候，从来没有急躁和厌烦过，即使在二战流亡期间，也把安娜带在自己身边。他总是以神圣的父爱，抚平小安娜心灵的创伤。戴高乐一生节俭，却为安娜设立了专用的委托金，并以自己撰写回忆录的版权费入了抵押。

安娜在即将欢度20周岁生日的时候，不幸被肺炎夺去了生命。安葬仪式结束后，戴高乐夫妇含着热泪，站在女儿的墓前久久不愿离开，好像还有许多话要和孩子倾诉。

【戴高乐主义】

戴高乐主义是20世纪50年代末至60年代末,法国总统戴高乐制定的法国独立自主外交政策的基本构想和指导原则。戴高乐主义就其本质而言可称为法兰西民族主义,它包括三方面思想:民族主义思想、集权主义思想和独立自主思想。戴高乐主义以谋求法国在国际政治中的独立自主和世界大国地位为政治目标。

天已经黑了,戴高乐才对妻子说:"走吧,现在她已经和别人一样了。"安娜去世后,戴高乐总统在痛苦中决定:将安娜生前住过的房子改建为"安娜·戴高乐基金会"办公处,继续帮助和女儿一样的智障孩子。

与女儿不同的是,戴高乐的儿子菲利普·戴高乐从小健康聪慧,他年轻时曾任海军上将,后当选为参议员。他是一位优秀的政治家和军人,还是一位孝子,他填补了女儿早逝带给戴高乐的痛苦,他曾著有《我的父亲戴高乐》一书。

戴高乐的遗嘱早在1952年就写好并密封起来,要求在他去世后才许启封。

遗嘱写道:"我希望在科龙贝教堂举行我的葬礼。如果我死于别处,我的遗体务必运回家乡,不必举行任何公祭。我的坟墓必须是我女儿安娜安葬的地方,日后我的夫人也要安息在那里,墓碑上只写:夏尔·戴高乐(1890——?)。

"葬礼要由我儿子、女儿和儿媳在我私人助手们的帮助下安排,仪式必须极其简单。我不希望举行国葬,不要总统、部长、议会代表团和公共团体代表参加。只有武装部队可以以其身份正式参加,但人数不必很多。不要乐队吹奏,也不要军号。不要在教堂或其他地方发表演讲,国会不要致悼词,举行葬礼时,

除我的家庭成员、我的解放功勋团战友和科龙贝市议会成员外，不要留别的位子。法国的男女同胞如果愿意的话，可以陪送我的遗体到达它的最后安息之地，以给我的身后遗名增光，但我希望要默默地把我的遗体送到墓地。

"我声明，我事先拒绝接受给予我的任何称号、晋升、荣誉、表彰和勋章，不论是法国的还是外国的。授予我上述任何一项，将违背我的最后愿望。"

戴高乐的要求都实现了，葬礼非常简朴，4万多名男男女女从法国各地来到科龙贝为他们心目中的英雄送葬。

与此同时，巴黎大主教马尔蒂在巴黎圣母院为戴高乐将军举行隆重的安灵弥撒，许多国家的元首都赶来志哀。几十万巴黎人冒雨向爱丽舍宫行进，在凯旋门这个26年前戴高乐站过的地方肃立志哀。

第二天，巴黎市议会决定把凯旋门所在的星形广场改名为夏尔·戴高乐广场。这可以说是向拒绝任何荣耀的领袖授予"荣誉"的一种最好方法。

独立和国家主权的各国之间合作的欧洲邦联，是戴高乐主义维护民族独立和国家主权这个思想在欧洲观中的直接反映。

一方面，戴高乐追求的是法国作为一个独立的民族国家要在世界上发挥伟大的作用，法兰西民族和国家在世界上应有大国的地位，它不能被封闭在一个超国家的欧洲联邦内。

另一方面，戴高乐担忧的是，如果放弃主权，欧洲国家不可避免地会导致从属于这个机

构之外的国家。毫无疑问,他担心的是美国。正是出于这种担心,戴高乐不仅坚决反对超国家的一体化,而且明确提出要建设一个"欧洲人的欧洲"。

在戴高乐眼里,英国是美国在欧洲的代言人,是其安插在欧洲共同体内的一个"钉子"、一匹"特洛伊木马",他不能允许美国利用英国乘机插足欧洲。

圣西尔军校小百科

1963年1月22日,时任法国领导人戴高乐将军和联邦德国总理阿登纳在法国总统府爱丽舍宫签署了法德合作条约,史称《爱丽舍宫条约》。

《爱丽舍宫条约》是欧洲一体化建设的基础,标志着"法德轴心"的形成。在欧洲仍未从债务危机走出的今天,纪念《爱丽舍宫条约》签署50周年,不但有利于法德回顾两国合作的漫长历程,也有利于双方携手应对欧洲未来面临的各种挑战。

第三章 法兰西青年
心中的圣地

　　圣西尔军校建校 200 多年来,先后培养了 6 万多名优秀军官,法国总统戴高乐毕业于圣西尔军校。拿破仑称该校为"将军的苗圃",它如同一颗享誉世界的璀璨的星辰,吸引着有志的法兰西青年。

第一课 独特的办学模式

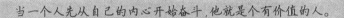

当一个人先从自己的内心开始奋斗,他就是个有价值的人。

圣西尔军校属于法国国家重点高等院校,入学起点较高。学校招收 17~22 岁的法国未婚男女青年,而且必须是法国公民。

学校对学员入校的条件要求非常严格。他们在通过国家高中统一会考以后,必须再经过两年大学预科或圣西尔专科预备学校的学习,经考试合格后,才能被圣西尔录取。

根据法国的高教制度,高等教育分为三个阶段:

第一阶段为高中会考后,在预科或普通高校学习两年大学共同基础课程,达到普通高等教育水平并获相应证明;

第二阶段,经过考试进入大学,学习两年专业课程,毕业时获学士学位;

第三阶段,经专业考试进入国家重点高等专科院校深造,做专业研究,逐级取得硕士和博士学位。

圣西尔军校的考生已达到国家

> **【什么是学位】**
>
> 学位是标志被授予者的受教育程度和学术水平达到规定标准的学术称号。学位包括学士学位、硕士学位和博士学位三种。高等学校毕业生,成绩优良,且达到规定的学术水平者,可授予学士学位。

普通高等教育水平。学生入校后,根据个人志愿,分别到文、理、工、经济各科学习。

学员从圣西尔毕业时获专业学士学位,并具有升入国家重点高校第三阶段学习的资格。

报考圣西尔军校的学生必须具备献身的精神、坚定的信念、顽强的毅力、正直的为人以及良好的修养。

根据学校年度招生计划,圣西尔军校每年录取新生 160～170 名左右。

考生平均年龄为 21 岁,其中有三分之一的学生不到 20 岁。他们均来自圣西尔专科预备学校和地方大学的学员,其中还有三分之一来自军人家庭。

军事院校在国外设立分校,这在世界各国军校发展史上是一个了不起的创举,可称之为"世界首创",这也显示了法国加强在该地区影响的努力。

法国国防部长莫兰在与卡塔尔王储阿勒萨尼签署联合办学协议时

圣西尔军校
SHENG XI ER JUN XIAO

称:"这是一项重要的计划,它在海湾地区将是独一无二的。"

圣西尔军校在卡塔尔设立分校,有利于密切法国与卡塔尔的军事关系,卡塔尔军队80%的装备是由法国提供的,卡塔尔正依照法国模式组建宪兵队,法国军人经常前来卡塔尔执行任务,圣西尔卡塔尔分校将成为两国之间军事合作的纽带。

按照两国达成的协议,圣西尔军校卡塔尔分校将从2011年开始接收学生,每一届接收学生人数大约为50人,在校首批军官将在3年后毕业。

学校将以法语教学为主,教学经费由卡塔尔承担,担任教师的80名文职人员和军人由法国方面提供。

卡塔尔分校的学生将会得到和圣西尔本校学生一样的教学,除此之外,还要根据海湾国家的实际需要,对教学内容和课程设置做出一些调整。

为了提高学员的法语水平,圣西尔军校将从2009年起在卡塔尔开设预备班,以便让报考的学生达到所要求的法语水平,首届学生将从这批人中选拔。

圣西尔军校校长由一名少将担任。学校的领导机构下设参谋部、军训部、教研部和学员部。

学员按文科、理工科和经济科各类分编成 3 个学员队。军训部设有战术研究、体育训练等专业教研室。

教研部主管文化学习,设有人文科学、自然科学、经济学、语言学等专业教研室以及教学保障机构。

1983 年,圣西尔军校进行教学改革,学制由过去的 2 年改为 3 年,目的是加强军事训练。3 年期间培训的内容主要有:基础军事知识、教学训练法知识、战斗训练、身体素质与体育训练、行政管理与技术、文化知识等。

然后,在之前学习的基础上,帮助学员完善和深化各科知识,重点培养学员的主动性、责任感和领导意识与能力。文化课仍按专业分别组织,共 30 周。

同时请军内外的专家、学者到学校就当前共同关心的重大问题举办讲座。

军事训练共 6 周,重点是培养学员动手和动脑能力,组织他们到陆军各兵种部队中实习锻炼,学习诸军、兵种协同作战理论,参与各种模拟实战训练,到陆军各兵种部队

实习锻炼，到海空军、宪兵部队和统帅机关见学，还要到法属圭亚那进行为期 15 天的热带丛林锻炼，以及准备参加国庆阅兵式。

每年学员毕业时，学校都要举行隆重的毕业典礼，向毕业生颁发毕业证书和学士学位证书，同时举行授衔仪式。

圣西尔军校小百科

　　圣西尔军校是"培养军人领导力的伟大学院"。圣西尔认为的军事领导力作为一种能力，是指作为一个指挥官，首先要了解情境，能够在复杂环境中进行思考，他本身具有品质魅力，在不确定的环境中作出决策，在此基础上做出行为，在敌对环境下采取行动。圣西尔培养的指挥官，不仅能够在身处危机时做出决定，在作战时，不论冲突性质如何，均能够领导部队作战。

第二课　圣西尔军校名人榜——加利埃尼

积极思考造成积极人生,消极思考造成消极人生。

加利埃尼的早年生涯

1849 年 4 月 24 日生于上加龙省的圣比特。后就读于著名的圣西尔军校。1870 年参加普法战争。在色当战役中受伤被俘。1871 年被释放后到留尼汪岛任职,1876 年调到塞内加尔,1880 年他率领一支远征队侵入上尼日尔盆地,1881 年 3 月和当地的艾哈麦德首领达成一项经济协议。

在结束 1882 年至 1885 年的对马提尼克的殖民战争后,被任命为法属苏丹的总督,1886 年镇压了象牙海岸地区萨摩里领导的曼丁哥人起义。1888 年 5 月返回巴黎进入最高军事学院进修。1892 年被派往越南北部进行殖民活动,他利用外交手段去争取当地人民,取得了一定的成功。

1896 年 1 月返回法国,晋升为少将,被改派往马达加斯加任总督,8 月 6 日他废黜了女王拉那瓦罗娜二世的君主制并建立了军政府，平定了沿梅里纳河的的武装暴动，1894年晋升为中将，1897年至1905年平定了该岛，并对其进行了卓有成效的统治，发展该地经济并改善了交通运输。他被公认为是一名公平、正直的总督。

1905年回国担任第14军军长。在1911年竞争法军总司令的角逐中，加利埃尼因年老体弱败给了约瑟夫·霞飞。之后，他于1914年4月退役，住在圣拉斐尔。然而，一战的爆发给了他新的契机。1914年8月，加利埃尼被紧急召回，协助参与巴黎防务，后担任巴黎军事长官，参加了马恩河战役（第一次）。但是他的死对头霞飞始终对他十分忌惮，因此，尽管外界舆论对加利埃尼的能力与远见颇有赞赏，但加利埃尼一直被边缘化，不能进入指挥部核心决策层。

加利埃尼最著名的一仗便是马恩河会战，他最早发现德第一集团军（亚历山大·亨利希·鲁道夫·克鲁克指挥）向东转向，随即抓住时机命令法第6集团军攻击其侧翼。著名的"出租车运兵"也是由他主持的。但这些胜利却不公平地归入霞飞名下。尽管他渴望指挥一支集团军群，但仍然担任巴黎城防司令。

1915年10月，加利埃尼在布里昂内阁担任陆军部长。在任期内，他显示了卓越的管理才能。1916年3月，加利埃尼的病情再度恶化。而此时，他与霞飞的关系势如水火，他常常在办公室里与霞飞拍着桌子争吵，这又加剧了病情的恶化。1916年5月27日，壮志未酬的加利埃尼在巴黎咽下了最后一口气。

1921年，法国政府终于承认了加利埃尼的功绩，追授他元帅军衔。

【对加利埃尼评价】

　　加利埃尼是法国最伟大的殖民地将领之一,他精力充沛、博学多识并愿意改革,他是一位有天赋的管理者,并极其善于领导军政府工作。

现在在巴黎有以他名字命名的车站和他的青铜塑像。

　　第二次世界大战中,从1941年8月开始,法、德两国军队在边境进行了一场大规模的战争。战争开始,法军受挫,被迫后撤。为了扭转战局,法军决定在马恩河地带同德军做最后的决战。9月6日,法军的第六军团向德军发起了猛烈的攻击。

　　战斗进行到第二天,法军兵力不足,如不及时补充兵力,就可能全军覆没,情况十分危急。但是,法国部队车辆的运输能力又极为有限,短时间内不可能把内地的士兵都运往前线。怎么办呢?加利埃尼军政府经过研究后,断然决定,立即调集全巴黎民用出租车,运送士兵到马恩河前线。

　　法国军队将领约瑟夫·西蒙·加利埃尼估计,如能动员500辆出租车,每辆运送5名士兵,那么,只要往返两次,就可运送5000名士兵。因为法军对德军的战争是正义的反侵略战争,深得人民的拥护,广大出租车司机踊跃驱车响应政府号召。7月6日下午6时,征用的500辆出租车按时开到了指定地点。

　　夜幕降临后,一支浩浩荡荡的出租车车队,满载兵员向前线开进。当天晚上,法军的一个步兵旅就被送到了50公里外的前线,立即投入了战斗。在这支精锐队伍的及时增援下,战局马上改观,最后法军赢得了马恩河战役的胜利。

加利埃尼的军旅生涯

　　1914年8月法国边境之战后,法第4、第5集团军和英国远征军于9月初撤至马恩河以南,在巴黎至凡尔登一线布防。法军总参谋长霞飞将军组建第6、第9集团军,分别部署在巴黎外围以及第4和第5集团军之间,准备实施反攻。德第1、第2集团军为追歼法第5集团军,偏离原定进攻方向前出到巴黎以东地区,暴露了第1集团军的右翼。

德军总参谋长 H.J.L.von 毛奇获悉法军即将反攻后,于9月4日命令第1、第2集团军在巴黎以东转入防御,第3、第4、第5集团军南下,协同从东面进攻的第6集团军合围凡尔登以南的法军。但德第1集团军司令 A. H.R.von 克卢克拒不执行命令,

继续率军南下,形成有利于联军反击的态势。同日,霞飞命令法第5、第6集团军和英远征军对德第1、第2集团军实施主要突击,法第9、第4集团军牵制敌第3、第4集团军,法第3集团军在凡尔登以西实施辅助突击。此时,在巴黎至凡尔登一线,联军 66 个师 108.2 万人对德军 51 个师 90万人;在主攻方向上,联军兵力是德军的两倍。

9月5日,法第6集团军先头部队与德第1集团军在乌尔克河西岸遭遇。法军首次使用汽车(共1200辆)把第6集团军一部由巴黎运往前线。克卢克发觉右翼和后方受到威胁后,命令所部于8日全部撤至马恩河北岸,遂与第2集团军之间出现宽50千米的防御间隙。6日,法第5集团军和英远征军从德军防御间隙地带穿插,8日逼近马恩河,构成对德第1集团军的包围态势。

同时,德第2集团军业已暴露的右翼也面临被围的危险。9日,德第1、第2集团军被迫后撤。德军在其他地段虽略占上风,但鉴于第1、第2集团军所面临的态势,毛奇于10日下令全线停止进攻,撤至努瓦永至凡尔登一线。此次战役以德军失败告终。英法联军在 200 千米的战线上推进60 千米,伤亡 25 万人,德军损失 30 万人。此役双方均有失误:毛奇远离战场,对前线战况不明,指挥不当,各集团军缺乏协同,导致速胜计划破产;英法联军行动迟缓,坐失战机,使德军保存了实力。

1914 年 7 月 28 日,以奥匈帝国对塞尔维亚宣战为标志,第一次世界大战正式爆发。8 月 1 日,德国以俄国进行战争动员为由,对俄宣战。8 月 3 日,德国又以法国不接受它所提出的"中立"的条件为借口,向法国宣战。

德国的战争计划是前总参谋长施利芬在 1905 年制定的,其核心是:集中强大兵力于西线,通过防务空虚的比利时、卢森堡和荷兰,从侧翼包围法军,速战速决打败法国。然后挥师东进,再去对付俄国。战争爆发后,德军总参谋长小毛奇遵循其前任的计划,仅用 9 个师的兵力监视俄国,而在西线则集中了 7 个集团军,共 78 个师,以梅斯为轴心分为左右两翼。左翼 2 个集团军,共 23 个师,守卫梅斯以南法德边境的阿尔萨斯和格林地区的阵地;右翼 5 个集团军,共 55 个师,借道比利时、卢森堡和荷兰突破法国北部边境。

自普法战争结束后,法军为报失败之仇,从 1872 年起开始就制定了一个又一个对德作战计划,到开战前已有 17 个之多。最新的计划是由法军总参谋长霞飞将军制定的,即"第 17 号计划"。该计划的核心是认为德军将集结在设防巩固的法德边境线上,因此法军要在这里展开积极主动的攻势,并一举收复在普法战争中失去的阿尔萨斯和格林两省。

1914 年 8 月 4 日,右翼德军侵入比利时,遭到比利时军队的顽强抵抗,在列日要塞被阻 3 天,到 20 日才占领布鲁塞尔。此时,法军的几个主力集团军却在按照"第 17 号计划"发起对德军左翼的进攻。然而,初期的战斗表明,"第 17 号计划"糟糕得很。在格林,法国第 1 集团军和第 2 集团军在进攻萨尔堡和莫朗日两地德军的防线中,被打得焦头烂额。右翼德军在占领了比利时后,其 5 个集团军的近百万人马,像一把挥舞的镰刀,从比利时斜插入法国。走在最右面的是克卢克指挥的第 1 集团军,约 30 万人,被视为右翼的主力和向巴黎进军的主攻部队。该集团军于 8 月 24 日由比利时进入法境。8 月 25 日,德军攻占那慕尔。霞飞为阻滞这支德军右翼部队的前进,从格林战场调集兵力,组建了法国第 6 集团军,由毛老里任司令。

9 月 2 日,德军克卢克集团军的先头部队已挺进到距巴黎仅有 15 英里的地方了,霞飞指挥的法军主力为阻遏德军右翼所作的努力已告失败。巴黎人心惶惶,法国政府也牵往波尔多。

9 月 3 日晚,克卢克抵达马恩河,而他所追赶的法第 5 集团军和其外侧的英国远征军已在当天早些时候渡过了马恩河。这两支仓促退却、陷入疲惫和混乱之中的部队,虽曾一再接到炸毁桥梁的电令,但都未去炸毁。克卢克占领了这些桥头堡之后,不顾柏林最高统帅部要他与比罗的第 2 集团军保持齐头并进的命令,准备立即于次日清晨渡河,继续他追逐法第 5 集团军的行动。

9 月 4 日,克卢克一面向前挺进,一面直言不讳地告诉最高统帅部,他无法执行要他留在后面作为德军第 2 集团军侧卫的命令。要等比罗的德第 2 集团军赶上来,势必停止进军两天,他认为这将削弱德军的整个攻势,给法军以重整旗鼓、自由行动的时间。事实上,比罗的第 2 集团军也同样疲惫不堪。于是,克卢克把最高统帅部的命令摆在一边,继续向东南推进,换言之,对于巴黎是越走越远了。

9 月 4 日早上,法

【约瑟夫·霞飞】

霞飞生于鲁西永的里沃萨尔特一个皮匠家庭。毕业于巴黎理工大学。1870年由巴黎理工大学投笔从戎，作为一名工兵少尉参加普法战争。1876年任营长，相继参加侵略印度支那、台湾和非洲塞内加尔的战争，1901年返回巴黎，晋升为旅长，1905年升任师长，1908年又被提为军长。1911年新上任的法国陆军部长梅西米举荐他任最高军事委员会副主席兼法军总参谋长。

军侦察机的报告使加利埃尼看到了他"必须立即行动"的时机。克卢克的部队向巴黎东南方向的冒险挺进，已使他的殿后部队成了毛老里的法第6集团军和英军进攻的目标。上午9时，在还未取得霞飞同意的情况下，加利埃尼就向毛老里发布预令，让他先做好战斗准备。然后他给总司令部打电话，请霞飞下达攻击的正式命令。但霞飞未置可否。下午，当加利埃尼又打电话来时，霞飞终于批准让毛老里的第6集团军从马恩河北岸发动进攻，并且于当晚10时下令法军其他部队停止后撤，于9月6日开始发动全面反攻。

9月5日，当克卢克集团军经过巴黎东面，可以望见埃菲尔铁塔时，其右后方侧翼受到毛老里的法第6集团军的袭击。克卢克立即命令第3和第9军回过头去对付毛老里，而这两个军的任务是负责掩护德第2集团军的右翼的。所以他们的撤退，使德第1集团军和第2集团军之间，产生了一个宽达20英里的缺口。因为面对着这个缺口的英军，已经迅速地撤退，所以克卢克才敢冒这个危险。对德军来说，取胜的关键就在于它能

否在法军主力部队和英军利用着一缺口突破自己的蜂腰部之前，击溃法军的两翼，即毛老里的第6集团军和福煦的第9集团军。

9月6日凌晨，法军发起全线反攻。法第6集团军继续与德第1集团军在奥尔奎河上激战；法第5集团军也掉转头来，变撤退为进攻，同德第1集团军厮杀，并

同德第 2 集团军右翼交火；法第 4 和
第 9 集团军则截住德第 3、第 4 集团
军，使德第 1、第 2 集团军陷于孤立。
9 月 8 日，关键时刻，弗伦奇率领英
军的 3 个军悄悄地爬进了德第 1 集
团军和第 2 集团军之间的缺口，将德
国第 1 集团军与第 2 集团军隔开了，
使克卢克和比罗面临着被分割包围
的危险。

于是，比罗遂在 9 月 9 日下令他
的第 2 集团军撤退。当时克卢克的第
1 集团军虽暂时击败毛老里，可此时
他也处于孤立的境地，不得不于同一天也向后撤退。至 9 月 11 日，德军所
有的军团都后撤了。至此，马恩河战役结束。协约国军粉碎了德军的速战
速决的计划，保住了巴黎，遂使第一次世界大战中的西线战场形成了胶着
状态。这场会战的战略性结果十分巨大，德国人丧失了其优先击败法国再
转过身来对付俄国的唯一机会。

在这场会战中，交战双方先后投入 150 万的兵力，伤亡人数在 30 多
万以上。其中，法军阵亡 2.1 万人，受伤 12.2 万人；德军阵亡 4.3 万人，受
伤17.3 人。自大战爆发后的一个多月的时间内，德军遵循施里芬定下的基
本方针，迅速穿越比利时领土向法国本土挺进。那时整个德国，甚至几乎
全世界，都深信德军会很快胜利，巴黎即将被占领。然而，当德国人的胜利
似乎唾手可得、法国人的灾难迫在眉睫时，协约国军却在马恩河畔转败为
胜，因而被人们称为"马恩河畔的奇迹"。

"马恩河战役"的影响

一、德皇威廉二世指派小毛奇接任参谋总长，如果只是基于青年时期
的朋友，而没有考量到他的才能与军事素养，那么就是过于滥情与草率。

【美国著名战史专家米德尔顿说：】

历史表明，要求得到"马恩河战役得胜者"这一称号的颇不乏人，但加利埃尼比起大部分人更是名正言顺。

就后世史家及军事战略学者所评，小毛奇除了蒙其叔父老毛奇的福荫外，他长年在德皇身边，备受重视，深体德皇之意。且他与皇亲国戚的关系非常融洽，获得德皇的信任与王公大臣们的喜爱，他自知难以担任此重任，但德皇却当面应允"战时我会代而行之"的话语。在不谙军事之下，史利芬计划就是他的救急仙丹，以不变应万变。

二、大战之前情势并非有全面燎原之势，任谁都没有想到一个旧时代的民族情绪发泄，会引爆世界性的大战；奥塞两国若直接谈判，不要假以民族认同扩大情绪，不要以联盟的形式介入，或许可以用战争的另一种方式来解决这项"情绪性事件"，其中比较显著的事例与蔓延，却逐步走向战争，变质为民族战争，全国民的战争。

三、普法战争后，毛奇率兵入巴黎城，迫法国割让亚洛两州，种下德法世仇；其间法主动亲近俄国，两国关系紧密，共同的敌人就是德国，史利芬认为日耳曼必须两方面同时作战，他认为只有实施内线作战与国内雄厚的经济实力，可以迅速的机动与战力击败法、俄。他的作战关键就是"东守西攻"，因为法国是危害最大的敌人，而俄国国力虽强，但可藉地障予以拖缓，这是处在强邻与地缘居中不利态势下的战略作为。史利芬的杰作，纯就军事言，堪称完美，但1914年的变化与1905年相较，可以说完全不一样，三国协约已经形成，法国的民心士气及英国的从中拨弄，怎可纯就军事战略来考量，况且，俄国的"巴尔干联盟"主要的就是要排除日耳曼族的高涨，这些可能是史利芬生前无法预料，而小毛奇也未加重视的事。

四、小毛奇修改了史利芬计划，从西线兵力部署的7：1改为3：1，就隐然有维护皇太子及王公大臣们作战胜利的考量，小毛奇是否能体会史利芬计划的精髓，后人不知道，如果以德军的机动战力，纵然是3：1，应该可以达成从右翼攻略法国的目的，（这可以从鲁登道夫攻略列日要塞证明），但错在抽调兵力到东线（事实上，两个军也没有到达），及皇太子及王公大臣们完全不明了史利芬计划的旨趣，要他们拒守诱敌，他们却要加强兵力，主动发动攻势，抢占战功，完全破坏了作战计划的精神，小毛奇在无法了解前线及紧疆统制下，指挥官不解参谋本部，上下无法通联，战机尽失，一错再错。

圣西尔军校小百科

　　第一次马恩河战役又名马恩河奇迹，是第一次世界大战西部战线的一次战役。这场战役发生在 1914 年 9 月 5 日至 9 日。在这场战役中，英法联军合力打败了德意志帝国军。

　　第一次马恩河战役战役是一战的一个关键时刻。由一战爆发起，德军已成功地侵入比利时和法国东北。但是在 9 月 5 日，法国第六军向进攻巴黎的德军反击，防止法国的首都被德军占领。德军在 9 月 9 日至 13 日的撤退实质上结束了德军的施里芬计划。

第三课　礼仪与荣誉

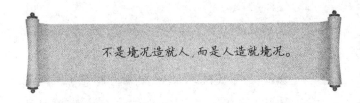

不是境况造就人，而是人造就境况。

　　圣西尔军校创办至今已有两个多世纪的历史，它经历了由王朝到帝国又到共和国的风风雨雨，在教学方面，形成了许多自己特有的风格与传统。

　　一是结合学校悠久的历史、光荣的传统和英雄人物，加强学员的爱国主义教育，培养学员的奉献精神。二是着重培养学员的动手、动脑能力、第一任职能力，与部队的需要接轨。

　　法国是讲究礼仪和有着绅士风度的国家，因此圣西尔军校虽然历尽沧桑却继承了初创时期一直保留的光荣传统，保持着自己独特的传统礼仪，如军官晋级仪式、毕业庆典活动等。

　　国庆节是法国最隆重的民众节日。7月14日这天，全国放假一天。节日前夕，家家户户都挂起彩旗，所有建筑物和公共场所都饰以彩灯和花环，街头路口架起一座座饰有红、白、蓝一色布帷的露天舞台，管弦乐队在台上演奏着民间流行乐曲。13、14日晚上，狂欢的人群纷纷拥向街头，脖子上围着红、白、蓝三色彩带，随着音乐跳起欢快的卡马尼奥舞及其他民间舞蹈。为庆祝国庆节，每年都要在香榭丽舍大街上举行大规模的阅兵仪式。7月14日上午,大街戒严。空军机群飞抵凯旋门上空,阅兵开始。编成队列的飞机掠过香榭丽舍大街,机尾喷出红、白、蓝三色烟幕,宛如一面巨大的法国国旗在空中舒展开来。当飞机通过协和广场的总统阅兵台上空后,陆海军分列式开始向总统敬礼。走在受阅部队最前面的永远是圣西尔军校的方队。

入夜,凯旋门上空,明亮的红、白、蓝三色探照灯光柱交叉摇曳,映照着门洞的巨大国旗;地面上节日的灯火与天空中缤纷的焰火交相辉映;爆竹声与狂欢的乐曲声、欢呼声响成一片,使节日庆祝达到最高潮。

法国每年为国庆节的庆祝活动要用去50吨火药,10亿支爆竹。从费用来看,半个小时的焰火要花费2000万法郎,由此见知,整个庆祝活动所耗费用相当可观。

与城市里检阅陆、海、空三军仪仗队不同。在农村,接受"检阅"的消防队员。他们身着制服,吹着号,打着鼓列通过欢呼的人群。而后,他们还要在教堂前的空场上举行灭火演习。这之后,人们在广场中央竖起一根"夺彩竿",高大的竿子上挂有火腿、香肠以及烟酒等奖品,谁能爬至竿顶,奖品便归谁所有。入夜后,也同城市里一样,焰火辉映着彩旗和灯笼,爆竹声、欢呼声此起彼伏,震耳欲聋,人们欢快地唱呀,跳呀,直至深夜。

从1803年开始,圣西尔军校一直以法国历史上的某个著名人物或法

军的某次重大战役的名字授予一届学员,以纪念先辈,缅怀他们的英雄业绩。传帽,则表示传统的继续。授佩刀则是从古代授予骑士佩剑的传统而演变来的。命名、传帽与授刀仪式一般在学员结束第一年军训,升第二学年时举行。第二学年开学后的一个明月当空的夜晚,全体学员集合在操场。

首先,由校长宣布为本届学员选定的命名,讲解其意义。然后,校长发出口号:"男子汉们,蹲下!"新学员们听到口令后,右腿单膝跪地,左手轻抚刀鞘,右手自然下垂,先由老学员传授戴"鹤鸵羽饰"的圆筒帽。

最后举行授佩刀仪式,由新学员自选的"教父"面对新学员站好,将佩刀轻压其左肩之上,新学员接过佩刀。这时,校长发出"军官们,起立!"的口号,学员们起立,行持刀礼。至此,校庆活动结束。

圣西尔军校小百科

人们通常认为,法国国庆日的正式确定是 1789 年,其实不然。虽然为纪念巴黎人民攻克巴士底狱这一光辉的日子,曾一度将 1789 年的 7 月 14 日作为国庆日。但 1814 年封建王朝复辟后,宣布 7 月 14 日为"国耻日"和"杀人犯的节日"。1870 年,共和国恢复,1879 年,共和党人成立了政府,议会由凡尔赛迁到了巴黎。翌年 6 月,法国议会正式通过法令,将 1880 年 7 月 14 日定为法国的国庆节,直至今日。

第四课　圣西尔军校名人榜——勒克莱尔

大多数人想要改造这个世界，但却罕有人想改造自己。

　　1902 年出生于法国北部的索姆省，1922 年从军，1937 年晋升为上尉。1940 年纳粹德国入侵比利时，勒克莱尔于战争中负伤，随后在戴高乐将军的号召下，经由西班牙、葡萄牙辗转到了英国伦敦，加入了自由法国的军队。

　　在与戴高乐会面后，勒克莱尔受命开赴法属赤道非洲，担任查德军司令。1941 年，勒克莱尔率军自查德进攻当时由意大利控制的利比亚，并成功占领了利比亚南部，同年 8 月，晋升为准将。1943 年 1 月，成功地占领的黎波里，并与埃及的英军会师进攻突尼斯。同年 5 月，晋升为少将。

　　之后，勒克莱尔奉戴高乐之命，在摩洛哥组编第 2 装甲

师，并于 1944 年与巴顿所率领的美军第 3 军共同参与了诺曼底登陆作战。诺曼底登陆后，勒克莱尔的第 2 装甲师直接开向巴黎，8 月 24 日成功地解放巴黎。11 月 23 日，再成功地解放史特拉斯堡。

纳粹德国投降后，勒克莱尔担任法军的太平洋战区司令，1945 年 9 月 2 日，在美军密苏里号战列舰上代表法国签署日本投降书，随后即前往法属印度支那镇压胡志明等人发起的独立运动。1946 年，勒克莱尔被任命为法属北非总监，1947 年 11 月因飞机意外坠毁而逝世，享年 45 岁。1952 年 8 月 23 日，法国政府追晋勒克莱尔为法国元帅。勒克莱尔是近代法国著名的英雄，在史特拉斯堡及南特均立有勒克莱尔的雕像。而法国陆军 AMX-56 主力战车，也以勒克莱尔为名。

菲利普·勒克莱尔上将 （General Philippe Leclerode）（1902—1947）法国将领。

1924 年毕业于圣西尔军校。长期在北非服役。

1938 年 8 月任第 4 师参谋长。

1940 年 5 月率部在比利时境内作战，负伤后突围至巴黎。7 月经西班牙、葡萄牙至英国，参加自由法国，深得戴高乐的信任。8 月与普利文等深

入法属赤道非洲活动，先后策动喀麦隆和加蓬等国加入自由法国，并任喀麦隆总督。同年 11 月被任命为乍得军事长官，军衔为上校。

1941 年 1 月和 3 月配合英军在利比亚境内作战，先后攻克摩尔苏克（Mourzouk）和库夫拉（Koufra），8 月晋升准将。

1943 年年初，攻占利比亚西南部的费赞（Fezzan）地区，并归属英国第 8 集团军领导，参加突尼斯战役。同年 5 月获少将衔，任第 2 自由法国师师长。后赴摩洛哥组建第 2 装甲师。

1944 年 4 月移师英国。7 月率部在诺曼底登陆。8 月 22 日至 25 日参加解放巴黎的战斗，11

月光复斯特拉斯堡,并转战于阿尔萨斯和洛林等地。

1945 年 4 月进入德国境内对德军作战。战后,奉命筹组印支远征军。

1945 年 8 月 14 日,出任远东地区法军司令。9 月 2 日,代表法国在日本投降书上签字。战后历任北非法军总监和最高军事委员会委员。后因飞机失事身亡。

1952 年被追授为法国元帅。

巴黎解放者

巴黎解放者——法国元帅勒克莱尔。1947 年 11 月 28 日中午,北非考洛姆—贝查尔附近突然发生了强烈的沙暴,沙暴使北非法军总监勒克莱尔少将的座机"塔利号"失去控制,最后坠毁在沙漠上。勒克莱尔及其随行的 7 名军官和 3 名机组人员全部遇难。

> **【勒克莱尔的伟大成就】**
>
> 近代法国著名的英雄,在史特拉斯堡及南特均立有勒克莱尔的雕像。而法国陆军AMX-56主力战车,也以勒克莱尔为名。

法国的一代将星就此陨落。噩耗传到巴黎,一直视勒克莱尔为未来接班人的戴高乐痛心不已,他当即宣布戒烟。几年以后他在谈及戒烟的理由时说:"我想,我必须爱惜自己的身体,由于勒克莱尔已经不能在需要他时为法兰西出色地效力了,因此我必须能够替他完成未竟的事业。"1948 年6 月 18 日,戴高乐把巴黎的一条大街命名为"勒克莱尔将军大街",以纪念这位将军。1952 年 7 月,法国政府追授将军为法国元帅军衔。目前法国陆军装备中最先进的主战坦克也以"勒克莱尔"命名。

不屈的斗士勒克莱尔原名菲利普·德·奥特克洛克,1902 年 11 月 22 日出生于法国庇卡底里的一个古老的佩剑贵族家庭。奥特克洛克受到了严格的家庭教育,继承了家族传统的尚武精神。他的童年生活是在农庄里度过的,长期的野外活动和打猎使他身体强健、目光敏锐。第一次世界大战中著名的索姆河战役就发生在离农庄不远的地方,他经常前往考察弹痕累累的战场遗址。在这种环境中成长起来的奥特克洛克决定报考圣西尔军校。1922年,他如愿以偿,4年后以优异的成绩毕业。不久,他被派往摩洛哥镇压暴动。这使他第一次有机会接触到伊斯兰文化和语言,并发挥出自己的军事才能。由于表现突出,他在这里获得了两枚陆军奖章和一枚军团荣誉勋章。

战争期间,他看到了坦克在战争中展现出的巨大威力,从此成为了法军骑兵装甲化的热心支持者。他提出了一系列坦克战术和坦克部队的管理方法,这为他后来成为法国陆军最杰出的坦克战专家打下了坚实的基础。暴动平定后,奥特克洛克回到法国圣西尔军校任教官。

第二次世界大战爆发时,他正在法国高等军事学院学习。战争初期,奥特克洛克在法国陆军的一个步兵师任参谋长。1939年9月8日法军发动萨尔攻势,奥特克洛克随部队从萨盖明向前推进。10月16日,德军开始发起反攻,他奉命退回萨盖明。

1940年5月,他所在的部队作为英法联军的一部分参加了比利时的战斗。战斗失利后,部队在里尔被德军包围。奥特克洛克突出重围,独自一人穿越了德国装甲部队设在索姆河上的封锁线。在香滨地区,他领导一支装甲部队重新投入战斗,并在战斗中受伤被俘。在被押往俘房营的路上,他偶然听到两名德国军官发誓要永远击败法国的谈话,更加激起了他的爱国热情,决心为法国的最高利益去战斗。

因此,他想尽办法,成功地逃到巴黎。法国投降后,他前往自由地区。

在自由地区,他从收音机里听到戴高乐将军发起"自由法国运动"。1940年7月25日,他到达伦敦并与戴高乐见面,见面时给自己起了一个非常具有庇卡里特点的化名"勒克莱尔"。

扬名北非。为了使

圣西尔军校

SHENG XI ER JUN XIAO

法国抵抗运动得以蓬勃发展，并建立可靠的根据地，"自由法国运动"迫切需要向非洲法属殖民地发展，但当时的法属赤道非洲的领导人正在戴高乐和维希傀儡政府之间摇摆不定。

戴高乐在会见头上还扎着绷带的勒克莱尔时一眼就看清了"这是一个什么样的人

> **【自由法国】**
>
> 自由法国，是第二次世界大战期间戴高乐领导的法国反纳粹德国侵略的抵抗组织。1940年6月法国沦亡后，戴高乐在伦敦发表《告法国人民书》，呼吁人民继续抗战，标志自由法国运动开始。1941年9月建立最高领导机构"自由法国民族委员会"（简称"自由法国"），1942年6月改组为"战斗法国委员会"（简称"战斗法国"）。1943年6月联合其他抵抗组织成立法国民族解放委员会，次年法国光复后，戴高乐成为法国临时政府。

物"，并认为"他应当去赤道非洲"，并立即派他加入赴乍得代表团。代表团到达乍得后，乍得当局立即宣布正式加入"自由法国"。勒克莱尔奉戴高乐之命，又向乍得的南邻喀麦隆发展。1940年8月20日，他率领一支不足百人的部队乘独木舟在喀麦隆的鲁阿登陆。登陆后，他在当地人民的支持下很快使喀麦隆倒向自由法国一方，并担任了法属喀麦隆总督，在那里建立了"自由法国"的第一个作战基地。"勒克莱尔"时代也就此开始了。1940年12月勒克莱尔前往乍得任军队总指挥。

当地的"乍得团"是一支由法国人和土著人组成的军队，官兵素质很差，普遍不懂现代化战术，装备也相当简陋，仅有80辆旧式卡车和几门大炮。勒克莱尔并没有被困难吓倒，他向戴高乐表示："我们不会因为任何困难而后退，不管是来自前方还是后方。"他把有战争经验的老兵和斗志昂扬的法国志愿人员补充到部队中，还获得了英国的装备援助，并对官兵进行了严格的训练，在不长的时间内就组成了一支面貌一新的机动纵队。此后，他立即率军对意军防线发起攻击。

1941年1月，他派出一支小分队穿越乍利交界处的撒哈拉大沙漠，深入1000公里，对意军队防线西端的斐赞进行侦察袭扰，吸引意军的注意力，而其主力400人则向位于意属的利波黎内陆500千米的库福拉要塞发起攻击，意军很快失去了斗志，于3月1日宣布投降。勒克莱尔部队

共俘虏意军350人（其中军官11人），缴获大炮4门、机枪40挺，全部占领了库福拉。

勒克莱尔兴奋地向戴高乐发电报告："这是自由法国的军队第一次攻克敌人的据点，这是走向胜利的第一步。法国万岁！"戴高乐宣布授予勒克莱尔"解放十字勋章"，英国首相丘吉尔也向戴高乐发来贺电，对自由法国在非洲的首次胜利表示祝贺。1942年3月，勒克莱尔率军对意军驻守的斐赞进行了骚扰袭击，迅速攻占了外围的几个据点，不等对方反应过来，主动撤出战斗，带着一批俘虏、文件和军用物资安全返回。

12月12日，勒克莱尔率部穿越撒哈拉大沙漠，迅速接近斐赞，13日攻占了意军的主阵地，占领了斐赞哨所。此役俘虏意军1 000多人，其中军官40多名，缴获大炮20多门、迫击炮与机关枪数百门（挺）、装甲车几十辆。勒克莱尔纵队取胜后马不停蹄，兵分两路向利比亚海岸线推进，1943年1月26日，他率领的自由法国军队与从埃及出发的蒙哥马利的第8集团军在的黎波里胜利会师。随后他又参加了解放突尼斯的战斗。

这些战役的胜利，充分体现了勒克莱尔作为一名杰出军事指挥员的才能。他既是一名后勤专家，又是一名战术家。作为一名后勤专家，他非常关注部队油料和弹药的供给情况，千方百计地找到确保运输畅通无阻的方法，精心准备部队攻击的时机，在敌人预想不到的地方发动突然猛烈的攻击。

他的战术则是奇兵式的：大范围迂回甚至从敌人后方发动包抄。由于他长期担任军事教官，他在自己的司令部培养了一种内部团结的气氛，让部属勇于抓住战机，不是只是等待上级的命令，而是要发挥自己的主动性。这些指挥特点的结合使他指挥之下的自由法国的部队成为北非战场上的一支雄师，在北非的战斗中一路高歌，从偏僻的非洲内陆杀到美丽的地中海。

勒克莱尔的辉煌人生

解放巴黎。1942 年 8 月,勒克莱尔在摩洛哥就任新组建的法国装甲第 2 师师长。这支部队是用美国援助的坦克武装起来的,但当时自由法国缺乏坦克部队的军官,在戴高乐亲自提议之下,勒克莱

【重大事件】

1946 年,勒克莱尔被任命为法属北非总监,1947 年 11 月因飞机意外坠毁而逝世,享年 45 岁。1944 年指挥该师参加诺曼底登陆战役,率先攻入巴黎,获"巴黎解放者"称号。

尔开始了对这支新建的坦克部队的训练工作。他一直潜心研究的坦克战术和坦克部队的管理方法这回有了施展的机会。

在他的精心训练下,装甲第 2 师很快成为自由法国军队以至盟军的一支精锐部队。当盟军决定于 1944 年 6 月在法国登陆时,戴高乐坚持必须有自由法国的军队参加这次作战行动,以收复法国国土和解放巴黎。艾森豪威尔将军接受了这一建议,决定从北非将勒克莱尔的装甲第 2 师调到法国北部与美军协同作战。这样,勒克莱尔的法国装甲第 2 师于 1944 年 8 月 1 日在诺曼底登陆参加收复国土和巴黎的战斗。

勒克莱尔对即将重返离别 3 年之久的祖国非常激动,他在登陆前一次军官会议上说:"如果一个人不专注于为祖国献身的信念,那么他是永远不可能成功的。"装甲第 2 师登陆后配属给巴顿将军的美第 3 集团军第 15 军,参加了著名的法莱斯隘口战役。

在阿夫朗什地域作战的法军以大胆的迂回动作于 8 月 16 日向可朗松发起攻击,勒克莱尔登上他的"伊塔"号坦克准备到前沿指挥战斗,手下的德古耶邦中校百般劝阻无效,只好派人暗中毁掉了车上的发报机,但勒克莱尔又换上一辆坦克杀上火线,在他的指挥下法军于 20 日解放了阿朗松,关闭了法莱斯口袋。

至 8 月 21 日,法莱斯围歼战结束,盟军在此役中共歼敌 3 万人,俘敌 5 万人,给德军 B 集

团军以沉重打击。装甲第2师离法国首都巴黎只有数百公里之遥了。8月19日,巴黎城内的抵抗组织领导市民发动了大规模的起义,攻占了城内的主要据点。20日,起义领导人出城与勒克莱尔取得了联系,请他火速出动部队进城接应。8月21日,勒克莱尔当机立断,命令部队全速前进,并向戴高乐报告了他的作战计划。

盟军指挥部闻讯后,命令他立即撤回部队,他不予理睬。8月23日6时30分,勒克莱尔开始向巴黎进发,一路上未遇到德军的有力抵抗,8月24日晚,法军开进巴黎。8月25日晨,法军向德国巴黎城防司令肖尔蒂茨发出了最后通牒,遭到拒绝后,勒克莱尔下令下午1时向德军指挥部发起攻击,部队迅速消灭了德军的有生力量。下午3时,摧毁了德军指挥部,活捉了肖尔蒂茨并将其带到了警察局。

在这里,肖尔蒂茨代表德军守备部队正式向勒克莱尔将军投降,巴黎宣告解放。下午4时,戴高乐亲临勒克莱尔师的指挥部,向他表示热烈的祝贺。在战斗中,法军仅伤亡628人,市民和建筑物都得到了很好的保护。这使随装甲第2师一起回到巴黎的戴高乐将军受到英雄凯旋般的热烈欢迎,也使盟国进一步认同了戴高乐将军作为法国合法的最高领导人的身份。

勒克莱尔将军因此获得了"巴黎解放者"的殊荣。8月29日,胜利后的法国在凯旋门圣母院的大街上举行了隆重的阅兵式,勒克莱尔率第2装甲师接受了戴高乐将军的检阅,受到了市民的热烈欢迎。9月8日,勒

克莱尔将军重新回到巴顿将军的第3集团军第15军,继续同英美联军一起并肩作战。

1944年11月,勒克莱尔率部以一个大胆的包抄动作突入坦克难以通行的孚日山脉的塞维尔纳山口。11月22日冲出孚日山脉,进入一马平川的阿尔萨斯平原,他不失时机地下达了总攻令。23日,兵分五路,杀向斯特拉斯堡,德国守军被法军一往无前的气势所吓倒,几乎没有抵抗便

四下逃散。法军坦克突入市区,留在市内的 1 万多名德军宣布投降,到当日晚,整个城区已全部被装甲第 2 师攻占。

消息传到巴黎的咨询议会会场上,议员们顿时沸腾起来,戴高乐称这是法国军史写下的"最辉煌的一页"。1945 年 1 月 30 日,装甲第 2 师会同美军从科尔马东北角取得突破,攻入敌阵,终于在 2 月 9 日胜利结束了科尔马地区的战斗,全部收复被德国占领的阿尔萨斯地区。2 月 11 日,戴高乐亲抵科尔马视察部队并向勒克莱尔等战功卓著的将军授勋。

1945 年 5 月 4 日,装甲第 2 师击败德国的萨尔茨堡守军,协同美军攻占了希特勒的府邸暨德国的第二个政治中心贝希斯加登。自此,勒克莱尔将军和其领导的法第 2 装甲师结束了其在第二次世界大战的辉煌灿烂的战斗生涯。

1945 年 8 月 5 日欧战结束后,戴高乐派勒克莱尔前往远东任法国远东远征军总司令,恢复法国在印度支那的殖民地,并代表法国在美国战列舰"密苏里"号上接受日本的投降。10 月 5 日,勒克莱尔抵达西贡,开始恢复对印度支那的殖民统治。1946 年 7 月,他就任法国北非部队总监。此后,勒克莱尔将自己的全部精力用于北非法军的建设和管理中,直至死于空难中。

圣西尔军校小百科

作为"培养指挥官的学校",圣西尔要求学员达到以下目标。短期目标:从排长做起,成为一名领导者、一个榜样和一名训练员。长期目标:成为贯穿职业生涯的一流领导者。

学校的学员虽然来自不同的社会阶层和背景,无论身处中尉、少校或将官等职位,都具有相同美德,是国家的公民和人民公仆。

第四章　将军的苗圃

法国陆军的圣西尔军事专科学校由拿破仑始创于 1803 年,早年建在巴黎郊外凡尔赛宫附近的圣西尔,并因此而得名。

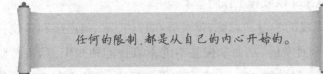

第一课　法国最有名的军事学府

任何的限制，都是从自己的内心开始的。

在法国历史上，几乎陆军中所有高级将领都出身于圣西尔军校。成为一名圣西尔人的愿望吸引着一代又一代法兰西热血男儿。现在与大家一起了解一下这个可与美国陆军西点军校相提并论的法国古老名牌军事学府。

西尔军校建校 200 多年来，先后培养了 6 万多名优秀军官，法国陆军几乎所有高级将领都出身于此，法国总统戴高乐、陆军元帅勒克莱尔都毕业于圣西尔军校。

拿破仑称该校为"将军的苗圃"。正如法国总统夏尔·戴高乐将军所说，每当提起圣西尔这个辉煌的名字，就使我兴奋不已，它如同一颗享誉世界的璀璨的星辰，吸引着有志的法兰西青年。

法国圣西尔军校是培养军事人才的摇篮。从古到今，官兵素质的高低将直接决定军队战斗力的

大小,世界各国的军队,无不高度重视军事院校的建设,强调教育训练是部队实现现代化的关键,是新式武器装备发挥最大威力的先决条件,是胜利的奠基石。

法国是创建军事院校较早的国家,法国圣西尔军校的军事教育已走过了几百年的发展历程,逐步形成了一套成熟完整的院校教育体制。

法国在创立和建设军事院校时,虽然军队的体制与其他的国家有所不同,但基本办学方针都是一致的,就是使进入军校的男女青年具备服务于国家和从事军队领导工作的基本素质。

通过军校的学习和训练,学员要在智能、军事、道德和体能等各个方面得到全面发展,从而掌握基本的军事技能和知识,具备必要的职业素质,拥有强健的体魄,具备高水平的智能,并建立起正确的伦理道德标准。

美国、俄罗斯等主要军事大国,通常采取先训后用、再训再用、训用一致的方法,对军官进行反复的培训。一般说来,军官要经过初、中、高三级院校的培训并完成规定课程才有晋升为高级军官的机会。

初级教育主要进行科学文化和军事专业方面的基础教育,由军官学

校等初级军事院校实施,目标是培养合格的基层军官。

中级教育着重提高领导艺术和指挥、决策和协调能力,由各军种指挥与参谋学院等院校实施,目标是培养营一级主官或旅以上司令部参谋军官。

高级教育主要讲授国家安全政策、国际关系、军事战略和战役指挥等课程,提高高层指挥与决策能力,由高级院校实施,目标是培养旅、师一级主官或高级司令部参谋。军官经过三级培训后,可具备职业军官所必需的素质,能担负起国家和军队委以的重任。

历经几个世纪的发展,法国圣西尔军校为本国军队的发展、成长和壮大作出了很大贡献。为了适应形势的不断发展,近年来,法国圣西尔军校的教育在不断进行改革和提高,主要表现在:积极探索更有效的院校教育体系;将信息战作为院校教育的主要课程;逐步减少招生人数,压缩院校规模;充分利用现代信息技术,在 21 世纪进一步开展和加强远程教学。

以信息技术为主导的世界新军事革命正在进行,战争形态正由机械化向信息化过渡。如何加速培养适应现代战争要求的高素质新型军事人才,以保证在未来信息化战争对抗中占据战场优势和战争主动权,已成为当今世界各国,尤其是各主要军事强国争夺的又一新的制高点。法国圣西尔军校作为培养军事人才的重要场所和引领世界新军事变革的"龙头",无疑成为争夺军事制高点的主战场。

如果说 20 世纪 90 年代的海湾战争是高技术战争初露端倪的话,21 世纪初爆发的几场现代战争却使世人清晰地听到了信息化战争阔步挺进的迅疾脚步声。目前,一支军队掌控信息技术与装备的能力,已成为能否打赢明天战争的重要尺度。

　　为了顺应国际战略形势的调整和军事变革的发展需要，打造复合型创新人才，法国圣西尔军校开始逐渐加大了院校教育改革力度，从教员队伍建设、教学资源利用及教育训练机制等方面进行了一系列结构性改革，法国圣西尔军校的教学开始瞄准未来。

圣西尔军校小百科

　　针对这个目标，圣西尔制定了详细而具体的人才培养方案，确保军校学员的初级军事教育和基础训练，达到军队完成多种作战任务的要求；三方面融合：军事技能、人文、学术；3 年渐进式教育。训练学员适应各种战争形式、各种战场、各种敌人和人群，控制伤亡人数，面对多国框架下的复杂战争及智力战争，为自己的信念而战，从而发挥领导力的作用。

第二课　圣西尔军校名人榜——贝当

> 坚韧是成功的一大要素，只要在门上敲得够久、够大声，终会把人唤醒的。

　　亨利·菲利普·贝当，1856 年 4 月 24 日出生在法国加莱海峡省的农民家庭。20 岁时考进圣西尔军校，毕业后以少尉军衔在阿尔卑斯山服役。1888 年，贝当进入法国军事学院深造。1900 年起，先后任国家射击学校教官、军事学院步兵战术学助教。

　　第一次世界大战前夕，贝当是步兵团的上校团长。第一次世界大战期间，晋升为少将、中将和上将，先后任第 6 师师长、第 33 军军长和第 2 集团军司令。1916 年，贝当因凡尔登战役的胜利而成为名噪一时的英雄。1917 年 5 月，贝当取代尼韦尔上将任法军总司令。1918 年 11 月，贝当晋升元帅。

　　战后，贝当先后担任最高军事委员会副主席、陆军总监和防空总监等职。1934 年 2 月，贝当出任杜梅格内阁的陆军部长。任职期间，当没有把握时机有效地提高法军的作战能力。1939 年至 1940 年，贝当出任法国驻西班牙大使。

　　1940 年 5 月，德军开始进攻法军，作为永久性防御工事的马其诺

防线不攻自破。先后由甘末林和魏刚指挥的法军节节败退。贝当应召回国出任内阁副总理，成为主和派的领袖。

6月16日晚，贝当奉命组阁，随即请求西班牙政府充当法国与德国谈判的中间人。次日，贝当下令法军停火，从而使法国在同德国谈判

【人物简介】

亨利·菲利浦·贝当（1856—1951），法国元帅、维希法国首脑。一生颇为坎坷。民族英雄和叛徒集于一身。1878年毕业于圣西尔军校。第一次世界大战期间因领导1916年凡尔登保卫战而出名，成为当时的英雄。在法军索姆河惨败后，他在最黑暗的时候重振了法军的士气。二战法国战败后，出任维希政府总理，1940年6月22日与德国签订《贡比涅森林停战协定》。1940年7月至1944年8月任维希政府元首，成为希特勒德国的傀儡。1945年4月被捕，同年8月因叛国罪被最高法院判处死刑，后改判终身监禁。

停战和议和条件时处于极为不利的地位。

6月22日，法德停战协定被迫在第一次世界大战结束时的法德（当时法国是战胜国）"停战车厢"里正式签字，法国（此时的法国却成了战败国）被迫接受苛刻屈辱的停战条件。

法国分为两部分，包括巴黎在内的3/5的国土（主要是北方工业区）归德军占领，占领军的费用由法国负担。南部和西部（主要是农业区）为自由区；法国的空军、陆军裁到10万人；最重要的是，贝当政府必须在政治、经济、外交等各个领域与德国"合作"。

1940年7月1日，贝当政府迁到维希，此后贝当领导下的法国一般称为"维希法国"。贝当被授予"国家元首"的称号并兼任总理，拥有召开国民议会、制定行政立法、指挥军队、任命或撤换部长等多种权力。1942年11月美军在北非登陆后，德国即出兵占领法国南部地区。此后的贝当完全成为傀儡。

1944年8月20日，贝当等人被德国人从维希带到洛克马林根的霍恩佐伦软禁起来。法国解

放以后,1945 年 4 月,贝当回国自首,接受审判。贝当以叛国罪被判处死刑,经戴高乐将军特赦才改判无期徒刑。1951 年 7 月 31 日,贝当死于囚禁地耶岛。

贝当的政治生涯

亨利·菲利浦·贝当于 1856 年 4 月 29 日出生于法国北部加来省的考奇拉退尔小镇。他的父亲是个农民,母亲早逝,家境贫寒。1871 年法国在普法战争中的失败促使贝当立志做一个军人。1875 年,贝当中学毕业后考入圣西尔军事学校;1878 年毕业后,他进入山地步兵团任职,军衔为少尉。1888 年,贝当被调回圣西尔军校,担任

> **【重大事件】**
>
> 贝当因凡尔登战役的胜利而成为名噪一时的英雄。1917 年 5 月,贝当取代尼韦尔上将任法军总司令。1939－1940 年,贝当出任法国驻西班牙大使。

军事教官。因为农民的出身,他在军界没有任何背景,所以升迁很慢——少尉当了 5 年,中尉当了 7 年,上尉当了 10 年。1900 年才升到少校军衔,指挥一个营。

1906 年在国家射击学校任教官,贝当工作极为勤勉,性格十分耿直。他曾拒绝出任步兵学校的校长,理由是他认为那些资深的军官更合适这个职位。他反感一切阴谋似的活动,和政客的关系也极为恶劣,中尉贝当拘禁过服预备役的法国议员,第一次世界大战时更是公开讽刺过当时的总统。最重要的是,当法国陆军的领袖将军们都痴迷地倡导攻势至上主义时,贝当却敢于独自反抗这个潮流。

贝当的思想要旨是仅当敌方防御已经受到决定性的减弱时,才可以发动全面攻势,而这种减弱的工作不能依赖步兵的生命,而必须使用一种高度集中的炮兵火力。这样就又要求炮兵与步兵之间必须有密切配合。这种思想对头脑发热的军人们无异于一帖清凉剂,后来的法国总统戴高乐当时就是贝当学说的信徒,他对贝当佩服得五体投地,所以毕业后就申请加入了贝当所指挥的第 33 团。

贝当思想的正确性虽然被后来的大战所证实,但却被当时的决策者抛弃了。历史没有假设,不过可以肯定的是,如果贝当的思想当时得以贯彻,那么法国的损失将会大大地减少。1914 年 8 月一次大战爆发前夕,贝当仅为陆军上校,任第 33 团团长,时年 58 岁。

第一次世界大战的到来,对刚刚批评了法军红裤子的贝当来说,不知是否应该算作是幸运的事。如果没有它,贝当将会以一个上校的身份退役,成为一个普通的老人,而正因为有了它,才有了 1940 年后的不得已。战争爆发后,贝当由于其对部队的杰出领导被提升为旅长,军衔是准将。在 1914 年 9 月的马恩河会战中,贝当由于指挥得当,晋升为少将,任第 6 师师长。10 月 25 日,贝当再次晋升为第 33 军军长。

1915 年 5 月 9 日至 16 日,贝当在阿尔萨斯攻势中,率部突破了德军的坚固防御。6 月,他受命担任第 2 集团军指挥官。9 月 25 日至 10 月 6 日,虽然他的进攻由于德军纵深防御而失败,但其炮火准备使德军吃惊不小。

随着德军在凡尔登战役初期进展顺利,奥古斯特·迪巴伊将军要求撤退,在后方休整的贝当所部于 1916 年 2 月 24 日被紧急调往凡尔登前线,接手坚守凡尔登要塞的职责。当贝当到任时,法军情况已经糟到极点,防线多处被撕裂,一向被认为坚不可摧的堡垒也落入德军之手。更要命的是,贝当到任次日就得了肺炎,不得不在病床上指挥接下面的战斗。好在高烧中的贝当还是马上抓住了问题的关键——炮兵和后勤,才使得残酷的战斗能继续下去。他提出了著名的防御口号"他们不会通过"。

另外,为了防止法军士气低落,贝当还说服霞飞采用部队轮换制,所以几乎所有的法国陆军都经历了这次残酷的战斗，积累了经验。在他严厉的领导下，到他5月1日取代卡利将军担任中央集团军司令之时，凡尔登已经转危为安。而且作为接任他第2集团军指挥权的尼维尔将军的上司，贝当继续对凡尔登战局施加影响。4个月后，法军在索姆河发动大举进攻，德军停止了对凡尔登的攻击，凡尔登战役胜利结束。贝当作为"凡尔登的胜利者"成为了法国的民族英雄，名扬世界，被视为"法兰西的救星"。

两次世界大战期间，贝当的威望达到顶点，福煦退休后，他成为了所有军事思想的仲裁人；1920年，贝当被任命为法国最高军事委员会副主席。1922年1月，兼任法国陆军总监，其间，1925年至1926年指挥10万法军同西班牙一道镇压了摩洛哥里夫族人民起义。1931年至1934年任防空总监和陆军部长，极力主张修筑马其诺防线。1939年任驻西班牙大使。1940年奉召回国，出任副总理、总理。

1934年2月至11月，贝当出任加斯东·杜梅尔格临时政府的陆军部长。随着1936年人民阵线在大选中获胜，贝当不再隐瞒自己对公民政治的厌恶和对独裁政府的支持。1939年，任法国驻西班牙大使。1940年法国失败后，马其诺防线的观念倡导者贝当成了罪魁，并被说成思想消极僵化，这是不公正的。当时的法国千疮百孔，其败亡原因不胜枚举，不能全推到贝当一个人身上。

况且贝当实际上也并不保守，他平时十分注意学习，很早就认清了新式空中武器的重要性，甚至比戴高乐更有资格被称为法国近代闪电战的先驱；他一直主张建立一个可以统一指挥各兵种的机构，并创建了一支进攻型的"威慑"空军；他大力提倡马其诺防线，但是他并不主张将大部分的陆军关在马其诺防线中，他经常强调应在距防线相当距离的后方，保持一支强有力的机动兵力，以便应付任何德军突破的情况。1940年5月,甘末林手中所缺乏的正是这样的兵力。

1935年,他在演讲时就阐述过制空权和装甲部队的重要性。1940年6月,贝当宣布法国停火,同德国签订丧权辱国的条约,组建与法西斯合作的维希政府并出任总理。要说一句的是,当1939年有人建议他竞选总统时,他曾说过这样一句话:"总统是战败后的元帅来充任的职务。"由此可见他投降时的悲凉心情。

1940年5月,德军开始进攻法国,作为永久性防御工事的马其诺防线不攻自破。先后由莫里斯·居斯塔夫·甘末林和马克西姆·魏刚指挥的法军节节败退,国内政局混乱。保罗·罗诺总理为控制局势,建立最广泛的民族团结,罗致了国内的各种力量,贝当也应召回国出任内阁副总理。结果,在继续作战还是通过求和结束战争这个问题上,法国政府内部分为两派,一派以雷诺总理为首,另一派以贝当元帅为首。

在6月13日至16日为期4天的戏剧性讨论之中,贝当公开而毫无保留地出来当了主和派的领袖。贝当向内阁宣读了一份备忘录,排除了在法国本土以外继续战斗的任何想法,而在本土以内他又坚信法国业已战败,剩下的只有设法缔结一项体面的和约。

贝当以一种无可奈何的口吻说,法国的复兴不可能通过军事上的胜利来取得,而应是"祖国及其子孙承受苦难"的结果。停战并不是对

战败的惩罚,而是一个新的开端,即"保证不朽的法兰西永世长存的一个必要的条件"。贝当甚至以辞职相威胁。16日晚,在迫不得已的情况下,雷诺辞去总理职务,阿尔贝·勒布伦总统任命贝当组阁。

贝当发表广播演说:"我把本人献给法国,来减轻它的痛苦。"就在16日夜间,贝当即请求西班牙政府充当法国与德国谈判的中间人。第二天,

贝当下令法军停火,这就等于承认放弃战斗,从而使法国在同德国谈判停战与议和条件时处于极为不利的地位,在很大程度上限制了法国政府拒绝或商讨敌方所提条件的任何可能性。6月21日,希特勒亲自来到1918年法国人接受德国投降的贡比涅森林,接见法国谈判代表团。22日,经贝当同意,法德停战协定在当年的"停战车厢"里正式签字,法国被迫接受十分苛刻的停战条件。法国分为两部分,包括巴黎在内的五分之三的国土(主要是北方工业区)归德军占领,占领军的费用由法国负担。南部和西部(主要是农业区)为自由区;法国的空军、陆军裁到10万人;最重要的是,贝当政府要在政治、经济、外交等各个领域同德国"合作"。

1940年7月1日,贝当政府迁到维希。10日,国民议会以569票赞成、80票反对通过决议,授予贝当制定新宪法的全权。新宪法以"法兰西国家"代替了"法兰西共和国",以"劳动、家庭、祖国"代替了自1789年继承下来的"自由、平等、博爱"。贝当被授予"国家元首"的称号并兼任总理,拥有召开国民议会、制定行政立法、指挥军队、任命或撤换部长等多种权力,几乎比路易十四的权力还要大。

当时在政府公报上发表的许多条例都是以君主政体的格式开始的:"本人,菲利普·贝当,以法国元帅、国家元首名义宣布,云云。"这位80多岁的老人为往昔的声名所累,一时得到了许多法国人的支持。其实在政治经验方面,贝当是初出茅庐,很不成熟。贝当不是一个政治家,只得请皮埃尔·赖伐尔作为代理人。维希政权的第一时期从1940年7月10日至12月13日,可称为贝当—赖伐尔时期。1940年10月24日,贝当和希特勒在都兰的蒙都瓦的列车车厢里进行会谈。

此后,贝当声称,为了法国的"荣誉和尊严",法国必须寻求对德合作政策。从此,"合作"两字就像标签一样,烙在贝当的身上。应该指出,贝当碍于体面,和德国人的合作多少有些羞羞答答,不时使出他惯用的两面手法。当他和赖伐尔赤裸裸的亲德卖国行为发生严重的意见分歧时,1940年12月13日,贝当下令拘留他的"皇太子"(制宪法令规定,在贝当元帅去世后,由赖伐尔继任),并且派一支可靠的队伍把赖伐尔护送到他的私人住所里去。

对于这个相当令人吃惊的事件,德国当局并不知道。于是,从1940年12月13日至1942年4月18日开始了维希政权的第二时期,称为贝当"达尔朗时期"。原海军总司令达尔朗海军上将变成维希政权的第二首要人物。贝当合作主义的政策"在很大程度上是同战争的进展和德国的胜利,或者相反的,同德国失败的最初迹象密切相关的"。

贝当企图在外交上采取中立和拖延政策,并曾与佛朗哥会晤,劝他拒绝德军经西班牙开往北非。但赖伐尔在德国人的支持下于1942年4月19日重新执政,开始了维希政权的第三时期。这时又颁布了新的制宪法令:"法国对内和对外政策的实际领导权全部授予政府首脑(即赖伐尔),政府首脑由国家元首任命,并直接对国家元首负责。"

实际上把贝当变成壁炉台上的一件小摆设。1942年11月8日,美军在北非登陆。贝当命令在阿尔及利亚的达尔朗与盟军配合作战,同时又发布电文抗议盟军登陆。法国人在阿尔及尔的抵抗是象征性的,事实上已经向盟军打开了北非大门。德国人因此认为停战条款已经不起作用,因此于 11 月 11 日出兵占领了法国南部地区,维希也变成德国人公开当家做主的地方了。

尽管如此,贝当的投降主义和合作主义,对法国丧失民族主权独立、蒙受德国侵略者的欺凌和蹂躏,负有不可推卸的重大责任。贝当政治上的软弱无能使他不能阻止赖伐尔之流彻底的卖国行为,有意无意地扮演着"合作"的主角。贝当镇压统治区内的任何反德活动。贝当提供原料、商品支付德国的占领费用,从 3 亿到 5 亿,1944 年 7 月又增加到 7 亿。贝当在广播中号召为德国招收劳工,设立强制劳动局。在德国出兵占领法国南方时,许多法国人希望贝当离开维希,但是他没有离开,仍然留在那里,仍然忠于一个过于简单的政策概念:在祖国受难的时候,不应该抛弃本国的土地和自己的同胞。这是贝当个人的悲剧。

贝当在完全成为傀儡之后,仍然执迷不悟。1943 年 12 月 18 日,贝当还写信给希特勒表示:"今后占领当局有权改变法国的一切法律。" 1944 年 6 月,盟军在诺曼底登陆之时,贝当还在广播中号召法国人民遵守秩序与纪律,服从德军在作战地区的任何指示。8 月,戴高乐解放巴黎,贝当才悄悄烧毁自己的私人文件,派特使前往联络,准备和平移交权力,但遭到了戴高乐的拒绝。8 月 20 日,贝当和他周围的人被德国人从维希带到洛克马林根的霍恩佐伦的一座古老的城堡里,他的政治生涯就这样奇特地结束了。

贝当从政逸事

1940 年 5 月德军大举入侵法国,时任法国驻西班牙大使的贝当被急召回国,并在 6 月 16 日出任内阁总理,再次统领全国军队。法国人希望这位凡尔登救星能再次挽救法国, 然而贝当在上任的第二天,就通过西班牙驻法国大使向德国提出停战的要求。

【历史地位】

贝当记录在历史上的形象是一个叛国者,但是作为一个军人他在一战中颇有建树。他不同意福煦对于"进攻精神"的强调,认为现代战争中防御更占优势。开战后他这种谨慎小心的态度使他成为了一战中法国最成功的指挥官。

6 月 25 日, 在贝当的授意下, 法国代表查理·亨茨格将军与德军凯特尔元帅签署停战协议, 地点则选在法国东北部的贡比涅森林, 在第一次世界大战结束时德国签署投降书的同一节车厢里。德国的条件十分苛刻:法国必须割让包括巴黎在内的三分之一的国土;法国政府必须每天为德国占领军支付 3 亿法郎的占领费;法国的空军、陆军不得超过 10 万人;法国政府必须在政治、经济、军事、外交等方面与德国保持一致。

《贡比涅森林协定》签署后,贝当成立了维希傀儡政权,并出任维希政府元首,推行独裁统治。10 月 24 日,贝当前往距巴黎约 100 多千米的蒙托瓦镇,专程拜访希特勒。当晚 6 点,贝当在德军司令凯特尔的陪同下走向希特勒专列所停靠的月台。

希特勒已站在月台上,先向贝当伸出了手,"你愿意不愿意与我们一起工作?"希特勒向贝当提出,如法国参加对英战争,就可以在北非维持超出停战协定规定的军队;保证法国保留原有殖民地。受宠若惊的贝当立刻表示同意。

从这天起,"停战"变成了"合作"。6 天后,贝当公开发表讲话,表示愿同纳粹德国进行真诚的"合作"。随即,维希政府颁布了反犹太人的法律,抓捕了法国境内 85% 的犹太人,并将 7.6 万犹太人强行运往波兰的集中营。然而贝当并不愿完全充当德国人的傀儡,在对抗英美和镇压抵抗运动上与德国貌合神离。这引发了希特勒的不满,德国人很快就推出走狗赖伐尔出任维希政府总理,剥夺了贝当的实权,使其成为了徒有虚名的国家元首。

诺曼底登陆后,德军在法国境内节节败退。1944 年 8 月,戴高乐从伦敦来到巴黎,受到 200 万人的热烈欢迎。而就在当月,希特勒的党卫队把贝当等维希政府全体成员押到德国的西格马林根堡"保护"起来;盟军攻入德国本土后,又将他们转移到瑞士的一个小城镇。德国投降前夕,穷途末路的贝当向法国临时政府自首。

1945 年 7 月 23 日,法国最高法院开庭审判贝当。起诉书列出了贝当的 5 条罪状:同德国签署停战协定,违背了法英同盟条约;配合德国,对英国和其他盟国采取敌对行为;同赖伐尔一起,动员全国工业部门支持纳粹德国进行侵略战争,并向德国输出大批法国劳工;建立独裁政权;私自允许德国控制本国领土。

89 岁高龄的贝当在长达 20 多天的审判中一言不发,他的辩护律师则十分活跃,说贝当这些行为是无奈之举,也没有完全与德国合作等等。辩护律师还威胁法庭说,如果贝当被处死,国家将会面临分裂的危险,法国人民也会感到痛心。旁听的人们受到辩护律师的蛊惑,不停地为律师的辩护词喝彩,以至于法官气愤地大叫:"这个厅里怎么全是德国人!"

8 月 14 日,判决出来了,贝当因犯通敌罪被判死刑,没收一切财产,并且宣布他是"民族的败类"。此外,法庭还认定他犯有"误人罪"。许多正派的公民因为他过去是英雄而信任他,结果被引入歧途。这时,

他当年一手提拔的戴高乐签署了特赦令,改判终身监禁——就象5年前贝当也在维希政府对戴高乐进行缺席审判的死刑判决书上签署"不要执行"一样。

随后,贝当被囚禁于戴尔岛的一座要塞,但是他在这里健康恶化得很厉害。1951年6月,他被转往大西洋比斯开湾的耶岛监狱。7月23日,贝当死于该监狱。在他成为法国的英雄和元帅的时候,贝当怎么也不会想到自己的一生会这么结束。

1917年4月,盲目的攻击至上主义仍在法国延续。霞飞的继任者尼维勒将军发动的自杀式攻击,被德国的兴登堡和鲁登道夫击溃,伤亡12万多人,丧失士气的法军像潮水一样溃退。指挥官的冷酷和士兵惨遭屠杀的消息瞬间传遍全国。5月3日,法国陆军发生大规模叛乱,陆军部队拒绝开往前线,只有少数的士兵还在前线奋战,这成为了法国第一次世界大战中最黑暗的时刻。

如果鲁登道夫得到这一消息,发动大规模进攻,那战争就将结束。好在被俘的法国士兵都不是叛国者,他们对叛乱的事绝口不提。1917年的夏天,法国需要的不是勇气和战略造诣,而是威望。早在1914年

的马恩河时,贝当就已经亲临前线了,他总是和匍匐在德军炮火之下的步兵同生共死,而不是像其他指挥官那样远远地站在后面。

士兵们知道哪位统帅不会将他们的生命视若草芥。1917年5月15日,"陆军的医生"贝当接任法军总司令。他一上来就提出了"多用钢铁,少流鲜血"的口号,并亲自下到每一个师中走访,缓和士兵的不平心理,改革伙食和休假制度。就像后来二战中蒙哥马利做的那样,倾听士兵们的心声,解决他们的困难。他用他的威望迅

速地平定了这次叛乱,随后又成功地发动了多次有限的攻势,使法军的士气大振。贝当再次拯救了法国。

福煦于 1918 年 3 月就任盟军总司令后,贝当接替他负责指挥所有的法军军队,在西部前线最后一个月的艰苦战斗中发挥重要作用。而后策划了埃纳河—马恩河(7 月至 8 月)和亚眠(8 月至 9 月)攻势,协助约翰·约瑟夫·潘兴实施圣米耶尔(9 月)和默兹—阿尔贡(9 月至 11 月)攻势。1918 年 11 月 19 日,贝当因为其战时的卓越表现被授予法国元帅军衔。

圣西尔军校小百科

　　第二次马恩河战役或称雷姆斯战役是第一次世界大战西方战线发生于 1918 年 7 月 15 日至 8 月 6 日的战役,是西方战线中德军最后一次发动大规模攻击的战役。德军最后失败了,因为由法国军队领导的联盟军队反击,制服了德军,而德军遭受严重的伤亡。

第三课 从"将军苗圃"走出的将帅

圣西尔军校被拿破仑称为"将军苗圃"。两个世纪以来,这所军校为法国陆军培养了近6万名优秀军官,几乎所有的法国高级将领都出身于这个被拿破仑称为"将军苗圃"的地方。

法国上将吉罗

亨利·奥诺雷·吉罗,出生于法国。1900年毕业于圣西尔军校。后来在步兵部队服役,参加了第一次世界大战。1922年至1926年,在驻北非法国军队服役。1936年任殖民地所属国军区司令兼法国最高军事委员会委员。

第二次世界大战开始后任第7集团军司令,后任第9集团军司令。1940年5月被俘,1942年4月逃到法国的未被占领区。同贝当和维希政府中的美国代表建立了联系,并于11月在美国情报机关的协助下渡海到达阿尔及利亚。

英美部队在北非登陆后,吉罗被任命为法军司令。1942年12月27日被任命为法国在北非的军事和行政当局首脑。他利用美国政界的支持,同戴高乐争夺北非政权机关的领导地位。

1943年7月法兰西民族解放委员会成立时,吉罗和戴高乐任该委

员会的两主席，但由于同戴高乐的分歧
和被控与维希政府有秘密联系，1943 年
11 月去职，留任法兰西民族解放委员会
武装部队司令至 1944 年 4 月。1944 年
至 1948 年任法国最高国防委员会副主
席。1949 年去世。

法国元帅瑞恩

法国元帅瑞恩·阿方斯·瑞恩，1888
年生于法国。毕业于圣西尔军校和高等
军校。参加第一次世界大战，1918 年任
法国驻美军的军事代表团成员。第一次
世界大战结束后，在摩洛哥任指挥和参谋职务。1935 年任步兵团长。

1937 年在最高军事委员会办公厅供职。1939 年至 1940 年任步兵
师长，被德军俘虏。应维希政府的请求获释，并被任命为驻北非法军总
司令。1942 年 11 月英美军队在阿尔及利亚登陆后，瑞恩参加了"战斗
的法兰西"运动，任驻突尼斯法军司令。

1944 年任法国远征意大利远征军军长。1947 年至 1956 年任驻北
非法军总司令。1951 年至 1956 年任北大西洋公约组织驻中欧陆军司
令。瑞恩是法兰西殖民帝国的拥护者，因而反对戴高乐关于阿尔及亚
利问题的政策。1962 年退休，1967 年去世。

法国元帅麦克马洪

麦克马洪，1808 年出生。1827 年毕业于圣西尔军事学校。1830 年
作为骠骑兵团的军官参加了对阿尔及利亚的远征；在那里服役期间获
少将军衔。克里木战争时指挥一个师，该师于 1855 年占领了马拉霍夫
岗（塞瓦斯托波尔附近）。

1859 年，奥意法战争时指挥一个军，因在马进塔取胜而获得元帅

军衔。在结束这场战争的索耳非利诺交战中，麦克马洪指挥法军中路。1864年至1870年任阿尔及利亚总督。1870年普法战争时率领一个军队集群，在韦尔特被打败。1870年在色当交战中，他指挥的军队被德军击溃，而他自己也被俘。

返回法国后，1871年指挥凡尔赛的反革命军队进攻巴黎公社。1873年任法兰西共和国总统，依靠他所庇护的那些搞阴谋活动的保皇党分子企图恢复帝制。1877年政变失败后，于1879年1月辞职。1893年去世。

法国元帅康罗贝尔

康罗贝尔，1809年出生。1835年毕业于圣西尔军事学校。1835年至1849年参加了北美殖民战争。1850年晋升为将军，被任命为路易·波拿巴·拿破仑的副官，参与了1851年12月2日的国家政变。1853年克里木战争时期，康罗贝尔任师长。

1854年9月至1855年5月为法国驻克里木远征军总司令，后又重任师长。1856年晋升为元帅。1859年起任军长。1859年奥意法战争中参加了马进塔和索耳非利诺交战。1870年普法战争时，康罗贝尔指挥的军队在圣普里瓦战斗之后被迫撤到梅斯要塞，巴赞的军队在梅斯投降时，他也被俘。

战后，康罗贝尔由洛特省选入参议院；1871年至1876年为法国国民议会中波拿巴主义者的领袖。1893年去世。

法国元帅德斯佩雷

德斯佩雷,1856 年出生,1876 年毕业于圣西尔军校。为推行侵略政策的积极拥护者。

1885 年至 1886 年参加过印度支那殖民战争。1900 年参加镇压中国义和团起义。1912 年参加摩洛哥殖民战争。

第一次世界大战时,始在第 5 集团军任军长,1916 年至 1917 年先后任"东方"和"北方"集团军群司令。1918 年任萨洛尼卡方面军司令。

后参加武装干涉苏维埃共和国,1919 年 3 月至 4 月任俄罗斯南部地区法国占领军司令。

1921 年晋升为元帅。撰有许多关于法国陆海军历史的著作。1942 年去世。

法国将军甘末林

莫里斯·居斯塔夫·甘末林,1872 年出生。1893 年毕业于圣西尔军校,1899 年毕业于参谋学院。参加第一次世界大战,曾任法国大本营作战处长、旅长、师长。

1925 年至 1928 年任驻叙利亚法军司令官兼副高级专员,曾指挥镇压叙利亚人民反抗法国殖民主义者的民族解放起义。

1931 年任陆军总参谋长。1935 年兼任陆军高级军事委员会副主席。1938 年任国防部总参谋长。第二次世界大战开始时,于 1939 年 9 月 3 日任法陆军总司令,兼英国远征军指挥。是法国统治集团投降政策的拥护者之一,因而对 1940 年法国的失败负有责任。

　　1940 年 5 月被撤职逮捕。1942 年交由贝当政府组织的法庭审判，贝当政府建立该法庭的目的，是为了宣判自己投降法西斯德国无罪。1943 年被运往德国，关押在法西斯集中营，直到战争结束。战后，政治上再无积极作为。1946 年至 1947 年间发表了回忆录。1958 年去世。

圣西尔军校小百科

　　欧洲的军队长久以来就在技术学校训练炮兵和工程兵军官,贵族式的步兵和骑兵学校则出现得相对较晚。

　　1751 年, 法国国王路易十五在巴黎开办了一所皇家军事学校,招收具有至少四代贵族血统的年轻学员(学员入学的最低年龄可达 8 岁),培养他们担任步兵、骑兵和炮兵军官。

　　这所学校在 1776 年停办, 后来又建立过几所类似的军事学校,但到法国大革命时都被解散。直到 1803 年拿破仑在枫丹白露建立了一所帝国军事专科学校, 这就是圣西尔军校, 因其 1808 年迁到巴黎西南郊凡尔赛宫附近的圣西尔而得名。

　　圣西尔和当时最负盛名的巴黎理工学校一样, 招收 16~20 岁的公立中学毕业生,还有部分在部队服役两年以上的士兵。

第四课　圣西尔军校名人榜——马克西姆·魏刚

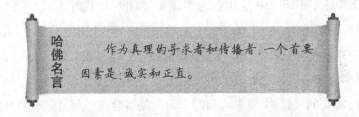

哈佛名言

　　作为真理的寻求者和传播者，一个首要因素是：诚实和正直。

"不走运"的上将

　　马克西姆·魏刚（Maxime Weygand，1867～1965）法国陆军上将。一战时是给福煦当了5年参谋长，二战初期时任法军总司令，后来担任过一段时间的维希法国的国防部长。他能干，机智，经验丰富又精力充沛，只是非常不走运。

福煦的参谋长

　　1867年出生于比利时布鲁塞尔。1887年毕业于圣西尔军校。后在索姆尔骑兵学校学习和任教，1913年获得福煦将军赏识，在洛林担任其20军参谋长，在1914年的边境交战中和其共同作战，当福煦8月28日升任第9集团军司令时，他也随之担任集团军参谋长。1915—1916年福煦任北部集团军

群司令时,他仍然是福煦的集团军群参谋长,1917年任法国最高军事委员会委员。1918年任法国最高统帅费迪南德·福煦的参谋长。晋升上将。

机械化改革

1920年~1922年任法国驻波兰军事使团团长,帮助约瑟夫·毕苏斯基重整军队,打败了米哈伊尔·尼古拉耶维奇·图哈切夫斯基指挥的苏联红军西方面军。后继续负责波军训练和后勤供应。

1923年任驻叙利亚和黎巴嫩首席军事顾问,实际就是殖民地总督。1930年年任军事研究中心主任、总参谋长,在和平年代时法军20个师中的7个实现了摩托化。

1931年继贝当之后任最高军事委员会副主席、陆军总监。在此职位上,为实现法军机械化做出了重要作用,1392年建立新型骑兵师,将一个装甲机械haunted旅(半履带式)和2个骑兵旅组合在一起,1933年5月驻兰斯的第4骑兵师实现完全机械化,该师包括240辆装甲汽车,4个机械化装甲营及辅助部队,政治上他反对绥靖政策。1935年1月21日他68岁生日时退出现役。1937年参加了僧帽党党徒的法西斯活动。

法兰西之战

1939年恢复军职,被任命为驻叙利亚和黎巴嫩法军总司令。筹组东方军。准备进袭苏联南方。1940年5月19日(因法、英、比联军节节失利,损失惨重,莫里斯·居斯塔夫·甘末林将军被撤销职务

之后),魏刚被任命为国防部参谋总长和法军总司令。当时他已经73岁了。虽然他表现出充沛的精力和信心,但战局已经不可挽回了。

时值敦刻尔克撤退后,法军精锐主力损失殆尽。他依靠剩余兵力沿索姆河至埃纳河建立所谓"魏刚防线",6月,魏刚防线被突破,德军横扫沿海地带,为防止巴黎被战火破坏,遂联合亨利·菲利浦·贝当宣布巴黎为"不设防城市"。后建议进行有条件的投降,被接受。

1940年7~9月任维希政府国防部长,建立停战军。9月起任维希政府驻北非总代表和北非法军司令。

1941年2月,签订《魏刚-墨菲协定》,试图得到美国经济援助,引起德国不满。同年11月,被召回法国解职。并第二次获得养老金回到格拉斯的庄园。

退休生涯

1942年11月,因盟军在北非登陆,企图飞往北非与之会合,未成,他抗议德军进占法国南部非占领区,被党卫队逮捕。次年12月起囚禁于奥地利。直到1945年。

释放后回到法国被戴高乐政府交付军事法庭审判,1946年5月获释,1948年5月宣布无罪,恢复名誉,诚如戴高乐所言:"当5月20日魏刚接掌指挥权时,无疑已经太晚了。法兰西战斗败局已定。"

之后过着平静的退休生活并大量著书,1965年1月28日,在他98岁时在巴黎去世。著有回忆录《过时的理想》等。

魏刚防线

法国保罗·雷诺内阁改组后,马克西姆·魏刚将军接替甘末林任法军总司令。魏刚上台后即在索姆

河和埃 纳河一线仓促构筑 "魏刚防线",准备据险防守,阻止德军南下。1940年6月3日,德国空军向法国的机场和后方实行密集突击,摧毁法军飞机约900架,夺取了制空权。6月5日拂晓,德军以143个师的兵力,对"魏刚防线"发动 大规模进攻,开始了法兰西战役的第二阶段。

背景

德国"闪击"波兰得手后,更助长了希特勒称霸世界的勃勃野心。于是,他一手举着"尊重中立国家"的招牌, 一手签发了进攻西欧的第6号指令,制定了代号为"黄色方案"的计划,将重兵压在北海至瑞士一线,张开了吞并西欧的血盆大口。

德国为实现入侵西欧之目的,保障其翼侧安全,决定首先进攻北欧诸国。在占领丹麦并在挪威取得决定性的胜利后,认为实施"黄色方案"的时机已经成熟。到1940年5月初, 德军已在北海至瑞士一线集结和展开了136个师(内有10个装甲师、6个摩步师),坦克3000多辆,飞机4500架,企图以"A"、"B"、"C"三个集团军群,一举吞并荷兰、比利时、卢森堡,继而攻占法国。

战争进程

在法军节节败退的严重关头,为了挽回局势,5月18日,雷诺改组法国内阁,亲兼国防部长,并召回驻西班牙大使、第一次世界大战时的宿将,84岁的贝当元帅,担任内阁副总理。

19日,雷诺免去了甘末林法军总司令的职务,任命第一次世界大战时的名将魏刚为陆、海、空三军总司令。魏刚刚从叙利亚率召回国,对战局具体情况并不了解。他走马上任,就立即取消了甘末林19日早晨下达的在比利时的英法军队向南突击、冲过兵力薄弱的德国装甲部队防线突围的命令。等到魏刚了解情况重新组织防御时,已经耽搁3天的宝贵时间,局势更加恶化了。

魏刚计划的基本内容是:试图使北部的英法部队和中部法军汇合起来,重新组织一道连绵防线。5月22日,盟军最高军事会议批准了魏刚计划。但该计划在执

【福煦将军】

福煦1951年出生在法国南部比利牛斯省的塔布市。1873年从巴黎综合工科学校毕业后参军。1885年入高等军事学院,两年后毕业到参谋部任职。不久,又入高等军事学院攻读研究生,毕业后留校任教,主要讲授战略课。1894年任教授,1908年以准将衔任院长,对第一次世界大战前夕法国的军事思想产生一定的影响。

行过程中,由于英方的犹豫不决和负责指挥北部部队军事行动的比约特将军因车祸突然丧身,加之比利时军队的无条件投降,最后毫无成效地失败了。

敦刻尔克撤退后,魏刚进行着最后的挣扎。在他的严令下,法军终于在索姆河和埃纳河之间仓促建立起一道防线。但此时法军精锐之师已遭重挫,所剩的71个师装备甚差,且无空军支援,要顶住100个德国师饿虎扑食般的攻势,已几乎没有可能。

德军攻占法国北部后,为不使退至松姆河、瓦兹河及埃纳河一线的法军设防固守,便趁其立足未稳之际,向法国腹地发起了攻击。其计划是:"A"、"B"两集团军群,强行突破"魏刚防线",占领法国首都巴黎,前出至马其诺防线的后方,再配合从正面攻击的"C"集团军群占领马其诺防线,围歼法军,结束战争。

正当德军向法国腹地推进,其先头部队进抵巴黎西郊时,一直自称"非交战国"的意大利趁火打劫,于6月10日出动32个师,越过阿尔卑斯山侵入法境,给法国背后一刀。

面对险恶的局势,法国政府并未号召和组织人民奋起抵抗。6月11日,法国政府迁到图尔,宣布巴黎为"不设防城市"。6月13日,雷诺政府正式向德国提出停战请求。

6月14日,德军兵不血刃占领巴黎,埃菲尔铁塔上挂起了法西斯德国的卐字旗。同日,法军的马其诺防线被突破,雷诺政府又从图尔迁至波尔多。6月17日,德军进至德法边境莱茵河畔,攻占了斯特拉斯堡,近50万法军被围,除小部逃至瑞士外,全部被歼。

在法国面临崩溃之际,美国总统罗斯福对法国政府6月10日发出的求援电报,仅以同情的方式作答。英国政府也表示不能派出大量空军支援。

巴黎沦陷

德国占领巴黎后,每天在市中心香榭丽舍大道上列队行进,炫耀武力,以从精神上威慑法国人民。

6月16日晚,雷诺政府辞职,投降派贝当接任总理。6月20日,贝当政府正式向德国呼吁停战求降。

两天后,在法国东北部贡比涅森林的一节火车车厢里,即第一次世界大战结束时德国向协约国投降、签署停战协定的同一地点,法国全权代表查理·亨茨格和德国最高统帅部参谋长凯特尔在停战协定上签了字。

法国被迫接受了德国提出的苛刻的停战条件。6月24日,法国-意大利停战协定在罗马签署。按照德法停战协定,法国军队全部被解除武装,并把武器交给德国;法国被肢解成两部分:占领区和非占领区。约占法国领土3／5的北部富庶工业区和比斯开湾沿岸,由德军直接占领,法国负担占领军的全部费用。非占领区主要是南部和西部农业区,由贝当傀儡政

府统治。

7月1日,贝当政府迁往维希。维希政府实际已沦为德国的附庸。接着,大法奸、卖国贼皮埃尔·赖伐尔出任总理,废除了1875年的宪法,法兰西第三共和国宣告覆亡。一个拥有5000万人口、号称"头号陆军

> **【法兰西战役】**
>
> 在第二次世界大战中,德军为侵占法国、荷兰、比利时和卢森堡对英法盟军的实施的进攻战役。5月28日,比利时投降。法军的抵抗毫无组织。德军坦克兵团迅速向法国腹地推进。领导新政府的贝当元帅请求德国武装力量统帅部停战。法国政府宣布停止抵抗。签订了《贡比涅停战协定》。

大国"的法兰西,仅在战争爆发6周内便一败涂地,沦于德国法西斯的铁蹄之下。

自吞苦果

1940年法国的溃败,是一个历史性的悲剧。

政治上的分裂混乱,军事策略上的迷信"阵地战",以及精神思想上的畏战、厌战,早已埋下了法国失败的根子。

战争期间,以贝当、魏刚为首的投降主义者逐渐在政治上占了上风,推行失败主义路线,他们打击抵抗派,散布"再战必败"的悲观论调,更直接导致了军事上的溃败,而法国在外交上的孤立和国际上的寡助,以及英、法盟军缺乏必要的密切配合,更加速了法国的覆亡。

抵抗

法国沦陷后,在法国共产党的领导和影响下,法国爱国者纷纷起来反对占领者和卖国贼,为祖国的独立、自由和复兴而战。坚决主张抵抗德国法西斯侵略、维护

民族独立的夏尔·戴高乐将军于6月17日流亡英国。

6月18日,他在伦敦通过广播发表了《告法国人民书》,宣布决心为维护法国的民族独立而战斗。他说:"……法国的事业没有失败,……法国只败了一仗,并未输掉整个战争…… 我要求全体法兰西人,不论他在何处,以行动、牺牲和希望的精神团结在我周围。"贝当政府投降后,戴高乐于23日晚再次发表广播声明,宣布成立"法国民族委员会",在伦敦树起"自由法国"的旗帜,组织英国领土上的法国武装部队和海外法国公民,进行反抗法西斯的斗争,为法兰西的解放战斗。

巴黎起义

巴黎是抵抗运动的 重要基地,法共在巴黎地区抵抗运动中有很大影响,巴黎"内地军"司令、巴黎解放委员会主席均由法共党员担任。1944年夏,随着第二战场的开辟,德国占领军加紧对巴黎的控制和掠夺,致使生活必需品奇缺,面包、糖、肉、牛奶只能定量供应,物价猛涨,黑市盛行。由于原料缺乏和空袭,许多工厂停产,失业工人增加。巴黎人民对占领者的不满和仇恨情绪进一步增长,人们盼望早日解放。可是,以戴高乐为首的民族解放委员会不同国内抵抗运动组织协商,就事先任命自己的亲信为巴黎警察总监,由勒克莱尔将军指挥的法国第二装甲师直向巴黎推进。戴

【黄色方案】

1939年9月,纳粹德国占领波兰之后,就对西欧虎视眈眈,并开始策划进攻西欧诸国的作战计划。10月9日,希特勒下达了进攻西欧的第六号指令,德国陆军总司令令部随即开始制定代号为"黄色方案"的进攻计划,该计划实际上是第一次世界大战中德军"史里芬计划"的翻版,即经比利时中部以法国巴黎为主要突击方向。

高乐的总代表亚历山大·巴罗迪被任命为尚待解放地区的特别代表,竭力拖延首都的起义。但是,随着盟军的推进和民族起义的广泛发展,巴黎起义的形势日趋成熟。

8月7日,当盟军向巴黎推进时,巴黎"内地军"司令发出了"第三号命令",指示部队动员一切力量,最大限度地开展军事行动。9日夜间,民族阵线、自由射手和游击队在巴黎张贴宣布总动员的布告。10日,巴黎铁路工人总罢工,揭开了武装起义的序幕。

15日,巴黎警察开始罢工,部分警察加入了内部武装部队。16—17日,邮政工人、地铁职工和海员相继罢工。16日夜间,巴黎"内地军"和爱国民警转入进攻,开始占领重要目标。

23日,首都战斗激化。德军企图夺路后撤,向市政厅反攻,被"内地军"打退。在其他各个区,德军也受到了阻击。这时,德军只困守在巴黎的9个主要据点,其他27个较小据点都为起义者占领。同一天,勒克莱尔第二装甲师的先头部队兵临巴黎城下。

24日,"内地军"奉命进攻共和广场的德军最后据点,战斗继续到深夜,德军终于宣告投降。22日,第二装甲师的第一批坦克在巴黎人民的热烈欢迎下进入首都。这时,市政厅响起了《马赛曲》,钟楼敲响了胜利的钟声。25日下午3时许,德军签署了投降协定。

傍晚,戴高乐也随第二装甲师进入首都,驱车直向国防部。

教训

法国是一个欧洲大国,拥有号称世界第一流的陆军,竟

在短短40天之内败北而降,其主要原因是:

(一)法国统治集团内部长期相互倾轧,尔虞我诈,争权夺利,一直缺乏稳定的政治领导。

由于政局混乱不堪,内阁更迭频繁,致使法国从30年代中期起,国势日衰,元气大伤。就是在战争爆发后的非常时期,不论是达拉第的"国防政府",还是雷诺的"战时内阁"都未能成为一个真正的团结协调的领导核心。

这种各党派相互掣肘的政府,当然无法对战争实施强有力的领导。特别是雷诺后来召用贝当、魏刚,本意是想加强领导,扭转败局,结果却适得其反,使军政领导圈的投降势力大增。

(二)法国政府长期推行的绥靖政策,遗患无穷,既涣散了广大人民的斗志,又使军事准备严重不足。

在战争来临之际,法国国内笼罩着一片和平主义气氛,厌战、畏战情绪普遍存在。军队装备陈旧,缺员严重,纪律松弛。在"奇怪战争"期间,竟有15%的军事人员休假。军官们考虑的不是如何加强战备训练,而是怎样组织舞会、音乐会和球赛。

(三)军事思想落后,指挥作战严重失误。法军领导囿于第一次世界大战的经验,无视科学技术发展给作战带来的新变化,长期奉行消极防御战略,死守"步兵至高无上"的概念不放,迷信和夸大马其诺防线的作用。结果,在高速机动的德国坦克机械化部队的进攻下,法军防御阵地被冲得七零八落,接连失守。

法国军事当局对德军主攻方向判断失误,在德军进攻比利时不久,就匆忙调遣主力迎战,亦造成了严重后果。1940年法国的溃败,是一个历史性的悲剧。

30年代以来,法国经济的停滞衰退,政治上的分裂混乱,军事策略上

【墨菲–魏刚协定的缘起】

1940年6月法德签订的停战协定规定法国大约60%的领土由德军占领。但法属北非以其重要的军事价值被美国关注。为此,美国执行与北非合作的政策,为此以经济援助为诱饵,以外交为手段,实现其军事和政治目的。这样,墨菲–魏刚协定就出现了。

的迷信"阵地战"，以及精神思想上的畏战、厌战，早已埋下了法国失败的根子。

战争期间，以贝当、魏刚为首的投降主义者逐渐在政治上占了上风，推行失败主义路线，他们打击抵抗派，散布"再战必败"的悲观论调，更直接导致了军事上的溃败，而法国在外交上的孤立和国际上的寡助，以及英、法盟军缺乏必要的密切配合，更加速了法国的覆亡。

圣西尔军校小百科

根据法国传统，每年7月14日国庆，都要在巴黎凯旋门——香榭丽舍大道举行盛大阅兵式和分列式。届时，共和国总统在共和国卫队骑兵护卫下，检阅三军部队之后，登上观礼台观看分列式。走在受阅部队最前面的永远是圣西尔军校的方队。只有当年的毕业班学员才能获此殊荣。学员毕业时，学校不仅要看学员各科结业成绩，并要求学员在各方面专家面前进行口试和答辩。学校张榜公布毕业考试成绩和陆军各兵种的需要名额，由毕业学员根据自己的成绩自选一个兵种或专业。学习成绩最好的学员优先挑选，依次进行。毕业生获得学士学位，并被授予中尉军衔。毕业生还要到相应的兵种专业实习学校再学习1年，然后被分配到部队。

第五课　圣西尔军校名人榜——廖耀湘

抗战爆发后,将军致信其父:男身受国恩,成仁赴义,此分内事也!

廖耀湘(1906—1968),汉族,别号建楚。湖南邵阳北乡酿溪镇(今新邵县县城)人。蔡锷将军的同乡,毕业于黄埔六期,1930年以上士资格被派到法国,学习3年法语后进法国的圣西尔军校。回国后一路高升。1937年抗日战争爆发,廖耀湘升任中央军校教导总队第2旅中校参谋主任,参加了淞沪战役和南京保卫战。

1938年9月,200师在湖南湘乡扩充为国民革命军新11军,旋改为第5军,廖任该军所辖新22师副师长兼军干训班主任,因师长邱清泉未到职,代理师长之职。1942年2月,应盟军要求,中国政府组成远征军,入缅甸作战,新22师作为远征军主力之一参战。3月,新22师高速驰援同古的英国军队,将其从日军包围中解救出来。

1943年年初,盟军在缅甸战事不利,被迫撤退。新22师在后路被截断的情况下,不得不翻越环境恶劣的野人山,撤往印度雷多,受到极大损失。在雷多,新22师受到美国的训练和整编,换装了美式装备,一跃成为中国军队中装备最好的部队之一。之后,廖率新22师在缅北战场屡建功勋,先后歼灭日军12000余人,其中包括日军精锐之一的第18师团。1944年,新22师扩编为新6军,成为国军五大主力之一。

第二次国共内战爆发后,新6军被调往东北战场。廖率领新6军于1946年1月抵达东北,到5月,他已经攻下长春等地,但是之后被林彪等人的游击战法拖住手脚,未能北渡松花江。1947年8月,新6军与新3军组成第9兵团,廖出任兵团中将司令,此后,东北战局发生逆转,第9兵团逐步被压缩回沈阳一带。

1948年9月,辽沈战役开始,中国人民解放军包围锦州,希望切断东北战场国军部队的退路。廖奉命前去解锦州之围未果,被解放军反包围于黑山、大虎山一带。10月26日,廖耀湘部被全歼,本人被俘;仅刘玉章部自营口搭舰撤退至葫芦岛。

廖被俘之后,被长期关押于北京功德林战犯管理所,1961年12月25日出狱。之后,他担任全国政协文史资料委员会专员。1968年12月2日在批斗会上心脏病突发而逝世于北京。

廖耀湘,1906年4月12日生于湖南邵阳县北乡酿溪镇土桥村(今邵阳市新邵县酿溪镇土桥村),家道不甚富裕,但在当地农民中间,算是小康境地。祖父艺圃公,是一位饱读诗书的私塾先生,曾于乡里设馆授徒。父亲半耕半读。耀湘这个名字显然寄托着祖父和父亲望其光大门楣、名耀三湘的期望,而他的表字"建楚"也正是名的引申,耀湘必定有建楚之才,当前辈起这名字时,也许没想到他的成就超过了他们的期望,日后何止耀湘,而是名满华夏。

6岁时,他在祖父的指导下,开蒙读书,念祖祖辈辈传下来的"四书"、"五经",等他略知经书精义时,清廷已经逊位几年了,由于有一帮三湘英才参与创建民国,此地开风气之先,有着远见的廖父觉得科举早已废除,仅仅凭读古书是很难有出息的,读新学堂、出洋留学才是成才正道。1918年,受过6年传统私塾教育的廖耀湘考进了县立高等小学,接受现代教育。

1920年冬天,廖耀湘从县立高小毕业,成绩优异的他考入了长沙私立岳云中学,这是一所完全按着现代教育模式设立的新式中学。和闭塞保守的邵阳相比,长沙城不但是通衢大邑,而且在上世纪20年代初,是全中国各种思想激荡冲撞得最厉害的城市之一。1925年夏,19岁的廖耀湘从岳云中学毕业,当时中国的局势十分混乱,湖南的政局更是扑朔迷离,中学毕业的廖耀湘,在当时算文化程度较高的知识分子,北上报考大学非他所愿,而且乡下那个小康之家,也很难供得起一个大学生,受新思想影响的他,满怀少年的拿云心事,选择了南下报考黄埔军校。

为供廖耀湘在长沙5年的学习,全家几乎竭尽了财力,连供他去广州考试的路费都没有筹集到,他错过了黄埔五期的招生,不得已只好就近从军,解决吃饭问题,便进了赵恒惕属下的湖南陆军第3师叶开鑫的部队,从列兵干起。1926年5月,他脱离叶开鑫部回邵阳,筹集了去广州的路费。1926年7月,北伐军正式在广州誓师,一大帮黄埔前四期的学生开始了悲壮的军旅生涯,而廖耀湘就在这个月考入黄埔军校第六期,北伐的烽火与他无关。后来在抗日和国共内战的,国军重要将领大多是黄埔前四期,而廖耀湘以第六期这样浅的资历,成为领军大将,年纪轻轻就做到兵团司令,是军界异数。

廖耀湘的军旅生涯

1929年廖耀湘毕业时,北伐已经完成,中国名义上得到了统一,国民政府搬到了南京,黄埔军校也迁到首都,它的正式名称应当是中央陆军学校,所谓"黄埔军校"只是沿用在广州的俗名。廖是广州入学,南京毕业。前四期黄埔生,除了很多赫赫有名的战将,时势使然,他们在军校也就接受不到一年的训练,就投入了战斗。而廖入校后,接受的教育则更为系统、扎实。廖毕业时,国民政府雄心勃勃要打造一支现代军队,从中央军校里选拔一批优秀毕业生去法国留学，廖耀湘参加了1930年的留学考试，成绩列前三甲。

可是最终确定名额时，他被刷下来了，理由是他个子矮，其貌不扬。在这关键时刻，廖耀湘演了一出"闯宫面圣"。他直接去找蒋介石，当着蒋介石的面，他大呼留法生录取不公，1000人参加考试，录44名，自己笔试在前三名，却名落孙山，考官的理由是他个子矮，脸上有个疤。他直率地对蒋介石说，这是选拔留法军官，又不是选女婿，相貌用得着那样重要？拿破仑的个子不也很矮？老蒋很欣赏这种初生牛犊不怕虎的性格，遂决定特批他去法国留学，临别前勉励一番。并向有关部门批示：该生系难得军事干才，学成归国后委以重任。

在法国，廖耀湘先毕业于圣西尔军校，后入机械化骑兵学校深造。1936年，廖耀湘学成归国，先任中央军校教导总队骑兵队第3连少校连长，军士营学兵连连长。1937年"七七卢沟桥事变"爆发后，调任中校营长，不久调任第2旅中校参谋主任。这年11月，日寇逼近首都，廖耀湘参加了南京保卫战。南京保卫战的撤退，是军事史上一大败笔，犹豫不决、预案不扎实，使数万国军将士成为战俘，死在日本人屠刀之下，蒋介石和唐生智负有不可推卸的责任。

日本人进城后，廖耀湘成为困在城中的中国将士的一员，到处都是流血，到处都是屠杀，他一旦落入日本人手中，基本上没有生存的希望。12月13日，他脱下军装，换上便服，带领几个部下和几千难民躲进了南京城的栖霞寺，监院寂然法师是一位有着大智慧的爱国僧人，不但保护了许多难民，也想方设法帮助混在难民中的国军军官脱险。几天后，在法师和特殊部门工作人员的帮助下，廖耀湘和几位军人深夜坐船，到了长江北岸，脱

离了这座人间地狱。南京脱险,是他军旅生涯真正辉煌的开始,他也将栖霞寺视为自己的福地。从此,猛虎出谷,利剑出鞘。

从南京脱险后,廖耀湘赶到当时的国府行政中枢武汉。1938年年初,国民政府成立了第一支机械化师200师,这支部队是当时国军装备最好的,专门在法国进修机械化作战的廖耀湘任少将参谋长。1938年9月,200师扩编为新11军,廖耀湘转任22师副师长。

1939年11月,昆仑关战役打响,这是一次中日两支钢铁部队硬碰硬的交战,当时22师划归新5军,军长杜聿明,22师师长邱清泉,包括廖耀湘在内,都在这场战役中威名远扬。昆仑关位于广西境内,距南宁35千米,周围群山环抱,地势险要。12月4日,日军占领昆仑关,直指滇、黔,威胁陪都的安全。昆仑关日前已被日军抢占,直接威逼重庆。统帅部要求将昆仑关夺回来。12月18日,新5军在其他友军的配合下,向昆仑关猛攻,驻守昆仑关的是日军第5师团第21旅团,号称"钢军"。

进攻的国军主要是200师和22师两支机械化部队,此役廖耀湘表现非常抢眼,身先士卒带领部队打冲锋。是役日军4000余人被击毙,旅团长中

村正雄被击毙,战后从阵地搜索出他的日记本,中村如此记载:"帝国皇军第5师团第21旅,之所以在日俄战争中获得'钢军'称号,那是因为我们的顽强战胜了俄国人的顽强。但是,在昆仑关我应该承认,我遇到了一支比俄国军队更强的军队。"剧作家田汉事

后采访了廖耀湘,将其比喻成北宋名将狄青。

战后论功行赏,邱清泉任新5军副军长,廖耀湘升任22师师长。1942年3月,廖耀湘率22师远征缅甸,配合盟军对日作战,但战局出现了逆转,英国人决定放弃缅甸,新5军西渡怒江,接应200师从同古撤退,一场血战后,回国的路已经被日军第56师团堵住,廖建议军长杜聿明冲击防线,杜没有采纳,命令部队进入野人山。进山22师尚有7000余人,在野人山中损失一半以上,4个团长都死在野人山突围的途中。最后,杜聿明率军部回国,廖耀湘带领3000余人撤退到印度。

新22师和先一步达到印度的孙立人的38师组成新1军,军长郑洞国。新22师在印度兰姆迦整训。1943年10月,第二次缅甸战役打响,廖耀湘率部向缅北挺进,与新38师密切配合,二进野人山,占领了胡康河谷,攻克于邦、下孟关、攻占瓦鲁班。在整个缅甸反攻战役中,新22师给日军的王牌18师团毁灭性打击,歼灭敌人20000多,一雪1942年年初兵败野人山的耻辱。缅北反攻胜利后,第14师和第50师空运来到缅北反攻的前线,驻印军扩为两个军,加上新22师组成了新6军。

廖耀湘任新6军军长,随后攻克八莫、南坎、芒市,打通了遍染鲜血的滇缅公路,此时,抗战已接近尾声,新6军在战火中成长为国军装备最精良、兵员素质最高的一支王牌军。

1945年4月,雪峰山战役打响。统帅部命令廖耀湘率新6军从缅北空投到芷江,作为此次战役的总预备队。而仗主要是74军、18军、73军、100军等兄弟部队打的。雪峰山战役完毕不久,《美国纽约时报》发表评论说:"芷江会战胜利佳音,可视为对日战争转折之暗示。"不久,这段评论就被言中。1945年8月15

日，日本天皇裕仁接受《波茨坦公告》，宣布无条件投降。

抗战胜利后，一个重要的问题是接收南京，史迪威的接任者魏德迈将军说：日本现在很嚣张，他并不认为他们失败了，到南京去受降，部队应该有一种威慑力量。

现在中国部队有威慑力量是新1军和新6军，新1军还没有回国，新6军就在芷江，就在空军基地。到南京几个钟头航程就行了，应该让新6军去。于是廖耀湘率领新6军被空运到首都，接受日军的投降。

1946年1月，廖率新6军于秦皇岛登陆，进入东北。廖耀湘进东北之初，和民主联军的交手中占了上风，当时他的部队挟抗战之余威，而共产党在东北急剧扩大的部队还没有完全训练好。

他一口气攻下盘山、台安、辽中，1946年3月间就打通辽阳、鞍山与沈阳到营口的交通线，攻入长春。"四平之战"是国、共两党在东北早期争夺的关键，此役让林彪耿耿于怀。国军这边杜聿明、孙立人、廖耀湘等抗战名将都参加了。

1946年5月15日，廖耀湘的新6军22师65团进攻威远堡。除了第一次试探性的冲锋外，65团所有攻击都是一次成功，难怪当时国民党觉得剿共胜利指日可待。在这次战斗中，专修过机械化作战的廖耀湘把炮步配合用到

极致。他先命令集中火炮猛攻，限令攻击部队在炮火停止后5～10分钟内冲入守军阵地，不给敌人任何喘息机会，威远堡被廖耀湘的部队攻占，林彪开始部署撤退。在撤离四平时，林彪的作战科长王继芳携带大批文件叛变投敌。杜聿明由此了解到民主联军已经实力大损，指挥军队一路猛追，直到把民主联军主力赶到松花江以北。廖此次又

大出风头，被任命为国民党最精锐的第9兵团司令，下辖5个军，其中新1军和新6军是五大王牌之二。

到了1948年，风水轮流转，在北满休养生息的林彪部队已非当年四平之战的东北联军了，但远在南京的蒋介石还以老眼光看待林彪的部队，以为可以在东北决战，歼灭林彪的部队。辽沈战役，第一阶段就是锦州之战，锦州的重要性毛和蒋都看到了，谁夺取锦州，就能占据通向华北的通道，对国军来说，锦州不失，东北部队和华北傅作义部队能连成一体，可攻可守。

林彪的部队首先进攻驻守在锦州的范汉杰守军，老蒋不愿意锦州失守，东北和华北的通道被斩断，命令沈阳附近的廖耀湘兵团西进，驰援锦州。10月23日，廖耀湘部向黑山、大虎山发起猛攻。

东野第10纵队司令员梁兴初命令各师："死守3天，不让敌人前进一步！"经过3天激战，10纵守住了黑山、大虎山，使廖耀湘兵团失去了西进的可能和南撤的宝贵时间。廖耀湘以5个师的兵力连日攻击黑山、大虎山阵地受挫，西进无望，于25日晚下令向东南营口方向撤退，但行至台安附近便遭独立第2师阻击，廖耀湘误以为是共军主力，犯了一个致命的错误，他命令部队往东走，和沈阳的部队会合，可林彪早有两个纵队在那里以逸待劳。如此，兵团10万人马全部陷入东野50万大军的重重包围。廖耀湘此时已知败局已定。韩先楚的3纵队仅用3个小时，便一举端掉了廖耀湘的兵团指挥部和新1军、新6军、新3军军部。廖耀湘10万人马群龙无首，乱成一团。

廖耀湘急得用明语呼叫："部队到二道岗子集合！"林彪下令：以乱对乱，哪里有枪声就往哪里打，并派部队到二道岗子去抓廖耀湘。至10月28日拂晓，战

斗基本结束，廖耀湘西进兵团所属新1军、新6军、新3军、第71军和第49军共计5个军12个师10万余人全部被歼灭。

1948年10月27日，廖决定向南方突围。夜间很黑，卫队也越来越少，最后只剩下李涛、周璞和新6军一个高参。涉饶阳河通往盘山一条水渠时，周璞不慎跌入一个水深没顶的地方，大声呼救，便引来解放军的搜索。他把周璞拉出水坑，李涛便被冲散，只剩下3个人绕过一处小树林继续向南摸索前进。天快亮的时候，他们看到前边有一小村庄似乎很平静，那个高参便决定先进去看看，好买点东西吃，因为又饿又累。没想到那个参谋一进村，就被在村里休息的解放军抓住了，他和周璞便赶快离开那里。

不久，天大亮了，他和周璞只好在高粱秆堆里躲了一天，又饿又渴又累。就这样夜行晓藏地前进，希望能赶到沈阳追上杜聿明的部队；路上他花重金买了几件老百姓衣服，化装前进，胆子也比较大了些，等到走到辽河边正在等渡船时，听说沈阳已解放了，这时，他走投无路，便决心自杀，可手中连用来自杀的枪都没有，他坐在一棵大树下，抱头痛哭起来。准备等到天黑就在那棵树上自缢。周璞苦苦相劝，要他绕道奔葫芦岛，没准赶上国民党撤退的部队。二人起来慢慢地走，结果在一条小路遇到一小队巡逻的解放军，一盘查，他便坦白了自己的身份，以求速死。此时的廖耀湘，没有了11年前在南京的好运气，终于当了俘虏。

被俘虏的廖，死活不愿意和得胜将军韩先楚握手。进了战犯管理所，廖耀湘还非常自负，常说自己的失败非战之过，是上面举棋不定，一再贻误战机。1961年他被特赦，到了1968年，"文革"正席卷神州，这个国民党的将军自然在劫难逃。他不像范汉杰、宋希濂等人那样识时务，依然性格耿直，当然没有好果子吃。在一次批斗中他情绪激动，突然心脏病发作，一代抗日名将，就这样撒手人寰。

周总理闻知此事，指示秘书前往政协了解有关情况，怎奈政协大院贴满了大字报和标语，根本无人上班。廖的家人只得将丧事从简。1980年5月，党中央、国务院和全国政协组织追悼，将廖耀湘的骨灰盒安放在八宝山革命公墓，公开肯定了廖耀湘在八年抗战中建树的历史功绩，令其遗孀黄伯溶女士（辛亥元勋黄兴侄女儿黄葵舫的女儿）和儿子廖定一等亲属好友颇感欣慰。

廖夫人为黄兴的堂侄女，1949年前夕去美国，有一子担任工程师。他的同事，原新6军的参谋长舒适存，针对他的遭遇写了一篇《辽西恨》，其中说道："廖氏秉性骨梗，不谙世故，不抽烟、不喝酒、不打牌，酒食征逐，更是外行，既不逢迎上级，朋友之间，更少周旋，家中宴客六菜一汤，入席时每人斟酒一杯，不斟第二杯。惟一嗜好，就是训练，每逢军队驻定，即亲率连、排、班长，从事实战演习，亲身示范，乐此不疲。与人说话，喜直呼姓名，人以为忤，他则认为这是够朋友的亲热表现，说他骄傲，想是由此而来。"

廖耀湘逸事

1946年4月18日，二战四平打响。进攻的国军部队主要是新1军和71军，战场指挥是郑洞国。共军首当其冲的是1纵和邓华的部队。战役是在四平城外的郊区进行。林彪的指挥部就设在四平附近。激战持续了三天三夜，双方伤亡严重。由于林彪指挥得当，加之工事坚固，四平成了国民党军看得见却进不去的鬼城，双方阵亡士兵横陈郊野。胜利的捷报一个又一个传进林彪设在梨树镇的指挥部，此时，民主联军没有人怀疑，四平保卫战胜负已定，

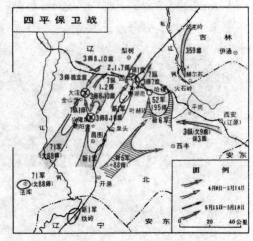

国民党军无论如何也攻不进四平！

但最新的情况让林彪眉头难展——新6军杀来了！新6军和52军只用了4天时间便攻占了本溪，5月15日，廖耀湘的新6军22师65团进攻威远堡。除了第一次试探性的冲锋外，65团团长李定一上校指挥的所有攻击都是一次成功。国军65团一个团依靠优势炮火在威远堡打垮了东北民主联军第3纵队主力。同样拥有优势炮火的五大主力之新一军为什么在柳条沟、兴隆泉和四平被民主联军整得没脾气呢？唯一的原因，就是炮火停止和延伸过后，步兵不能在3分钟至5分钟内冲入民主联军的阵地。这样，被炮火打击后的民主联军有了充裕的时间恢复，迅速地投入战斗，随后反复炮击的次数越多，冲锋的次数越多，伤亡也就越大。最后炮弹打完，不得不停止攻击。

当晚经过审讯俘虏，廖耀湘大吃一惊，原来在威远堡和65团激战的竟是共军的3纵主力，为核实这一情况，廖耀湘来到威远堡，实地观察地形揣摩战况并分析对手，以确定下一步军事行动。经过综合研究，廖耀湘得出结论：1. 民主联军为什么在威远堡只有一个纵队。2. 这是个决战的地形，既然在这里决战过了，那么前进路上不会有决战了。3. 既然共军一个纵队不能阻挡65团的攻击，那么不要说进出四平没有问题，就是北上长春也没有什么重大的困难了。于是他便放心大胆指挥军队一路

猛追，直到把民主联军主力赶到松花江以北。

廖耀湘实际上是非常重视情报工作的。早在1946年的四平战役中，林彪的作战科长王继芳携带大批文件叛变。杜聿明、孙立人、廖耀湘等人由此获得民主联军实力大损的关键情报，大胆率军一路猛追，最终将民主联军主力赶到松花江以北。此役民主联军损失较大，败

在了间谍手上。

但辽沈一战,廖耀湘同样败在了解放军的间谍手里。1948年8月,辽沈战役即将拉开战幕,当时林彪等人重点讨论的问题是:辽沈战役是一场"关门打狗"的空前规模的大歼灭战,如何神不知、鬼不觉地将北满、东满数十万大军南调锦州方向,以形成"关门打狗"之势?当时参谋长刘亚楼提出:"为避免敌军阻止我南下,可派出一部电台发假情报迷惑敌人,造成他们判断和指挥上的失误。"时任东北局社会部部长的汪金祥报告说:"我方正好有一部特务电台,编号为257,是国民党国防部二厅长春站派到哈尔滨刺探我军事情报的,现已被我军破获逆用,敌人尚未察觉。不妨在我严格控制下利用这部电台发假情报以迷惑敌人。"后经过研究,东北局社会部向东北野战军司令部建议,以4个师的兵力向南开进,作出佯攻沈阳的假象,将敌人的注意力吸引到东线上来,而我方进攻锦州的大军则趁机偷偷沿四平、郑家屯、阜新西线迅速南下,出其不意地进入锦州外围。佯动过程中可用257号电台编造假情报,以骗敌上钩。

后东野司令部以257号电台的名义,给蒋军长春谍报站发出"请示"电,说东北野战军司令部有一个作战参谋,离心倾向很大,可以拉过来为我所用。因当时国军派入哈尔滨的特务组织被破坏殆尽,急需得力的军事情报人员,于是很快被批准同意。257号电台复电说,此人叫王展玉,31岁,是共军东北野战军司令部作战处参谋。结果,被解放军设计成功。解放军佯动开始后,257号电台发出情报,称共军有4个师正在白城子至四平、吉林至沈阳之间向南运动。沈阳守军经过空中侦察和地面特务报告,发现确实有共军"大部队"正向南开进,民工大队也沿着吉沈公路疾驰,于是迅速判断:共军"主力"将要围攻沈阳。国军认为257号电台提供的情报很有价值,对所谓的"王展玉"非常信任,将他升为少校

谍报员。但是,东北"剿总"总司令卫立煌十分精明,对此心有疑虑。他考虑的是:共军为何不打孤城长春,而偏要远取沈阳?如果共军在锦州做文章,而一旦锦州失守,后果将不堪设想。于是他急令空军进行侦察,但确实找不到共军攻打锦州的迹象,最终257号电台的情报得到了默认。这样,解放军暗度陈仓成功。

辽沈战役全面打响后,东野势不可挡。战役中后段,当廖耀湘兵团试图与葫芦岛守军南北会合时,257号电台向敌发出"共军有两个纵队向山海关开去"的假情报。此时廖耀湘兵团南逃正好与辽南地区的独立第2师迎头相遇。廖耀湘误认为与解放军主力部队遭遇,匆忙向营口撤退。257号电台又发出假情报:"共军有大量轻骑兵向营口开进。"廖耀湘因而顾虑重重,最后竟然慌不择路,用明码发报。解放军截获电报,明晰了廖耀湘的作战计划,最终紧急部署部队,将廖兵团一网打尽,取得了辽沈战役的胜利。

圣西尔军校小百科

隶属于陆军院校司令部,面向全国招生,招生对象为高中毕业生。考生年龄 17～23 岁,择优录取。学制两年,毕业后授少尉军衔。第三年进兵种学校实习,实习期满后晋中尉军衔。每周操课 6 天,每天 9 个半小时。内容包括普通教育、军事教育和体育。普通教育约占学时的 30%,分共同教育和专业教育;军事教育约占学时的 60%,分一般军事教育、技术培训和实习培训;体育训练约占学时的 10%。此外,该校还为军队士官设一年制课程。

后 记

　　本丛书是根据世界著名大学文化教育长期思考研究成果编辑而成，它代表着我的一份独立思考，更代表着我的一份紧张和不安。

　　我知道书是写给别人看的，且不说怎样去影响别人、打动别人，起码得让人饶有兴致地读下去吧。我试图从新的视角、新的写作方式，尽可能全面准确地把握写作主题，让读者从世界著名的 20 所高等学府中获取知识，从而提高自身的文化素质，学习思考问题和学术研究的新方法。在文化交流中，读者能够从本丛书中了解到世界著名大学的文化教育思想，同时可以学习借鉴这些大学教育经验的有效做法和成功经验。我知道，想到了未必能做到，更未必能做得好。这是个大问题，就算不能够起到抛砖引玉的效果，但是在编写过程中我还是做了大胆的尝试，希望读者们可以在阅读的过程中有所收获、有所启发。

　　本着这样的想法和初衷，经过长期的准备和编写，书稿业已完成。大学是人才荟萃、知识丰富和精神自由的地方，在大学里，每个大学生的人生都会因为环境而发生重大的转折和改变，这也是人生获取能量、积累资源最重要的时期。因此，大学生在校期间应该兼收并蓄，广泛寻求与老师、同学、校友之间互动交流的机会，从而既可获得一面立体的"镜子"，清晰地认清自己，又能获得各类精神营养的滋润，让自己拥有领袖的气质。

　　大学是未来领袖的摇篮，是天才的渊薮，也是一个人在走向社会之前自我磨练的地方。在这样一个思想极度开放自由的地方，作为大学生必然会遇到各种各样的问题。在这套丛书中，我们不仅介绍各所世界名校的发

展历程、研究成果,同时还介绍了这些高等学府的知名校友,青少年在阅读时会从这些名人的生平事迹中有所感悟,从而影响青少年读者的人生价值观。我始终认为大学教育是一个人在成才过程中必不可少的教育阶段,在这一时期,大学生们必须要有自我发展的意识,而"未来领袖摇篮"丛书正好符合了青少年在这方面的需求。

大学有着深厚的文化积淀,其功能是培养符合社会需要的人才。尽管大学中的教学活动都是围绕专业知识的传授和学习展开的,实际上,一批又一批的青年学子始终是在学校中各种"潜在课程"、"无形学院"的培养、熏陶和影响下成长的。学知识与学做人,始终是摆在大学生面前的两件同等重要的任务。大学教育的本质在于人的教育。

高等教育的最重要目标并不是为了培养出多少具有先进知识的人才,而是为了培养具有高等素质的复合型人才。换句话说,在学生的专业知识与人格得到全面发展的同时,大学作为培养"未来领袖的摇篮",肩负着责无旁贷的重任。